江苏溧阳古县遗址出土六朝瓷器

江苏省文物考古研究院
南京博物院
溧阳市博物馆

编著

文物出版社

图书在版编目（CIP）数据

江苏溧阳古县遗址出土六朝瓷器 / 江苏省文物考古研究院, 南京博物院, 溧阳市博物馆编著. -- 北京 : 文物出版社, 2024. 12. -- ISBN 978-7-5010-8640-5

Ⅰ. K876.34

中国国家版本馆CIP数据核字第2024JH7129号

江苏溧阳古县遗址出土六朝瓷器

编　　著：江苏省文物考古研究院
　　　　　南 京 博 物 院
　　　　　溧 阳 市 博 物 馆

主　　编：盛之翰　高　伟
责任编辑：彭家宇
装帧设计：王　梓
摄　　影：张孟浩
责任印制：王　芳

出版发行：文物出版社
社　　址：北京市东城区东直门内北小街 2 号楼
邮　　编：100007
网　　址：http://www.wenwu.com
邮　　箱：wenwu1957@126.com
经　　销：新华书店
印　　刷：北京荣宝艺品印刷有限公司
开　　本：889mm×1194mm　1/16
印　　张：16
版　　次：2024 年 12 月第 1 版
印　　次：2024 年 12 月第 1 次印刷
书　　号：ISBN978-7-5010-8640-5
定　　价：360.00 元

序

江苏地区是六朝考古的重镇。近些年来，江苏的考古工作者围绕建康城、铁瓮城、溧阳古县城等六朝重要城址展开了系列探索与研究，逐步构建并不断完善着六朝社会生活、葬地空间、佛教寺庙、石窟寺、运河交通、中外交流等六朝文化体系，深化了六朝文明及其文化辐射力的认知。

六朝，上承秦汉，下启隋唐，文化大发展，民族大融合，不断丰富的考古资料证实六朝时期的华夏文明进程。南方地区的开发与经济重心的南移改写了中国空间发展的格局，文化结构与区域社会的重组创造了独具特色的六朝文明，其文化风格对当时的东亚、东南亚地区都产生了十分重要的影响，甚至在全世界范围内都有波及。

六朝城市与文明研究是江苏地域文明探源工程的重要课题，江苏溧阳古县遗址系我院主持发掘的重点项目。2019 年以来，在国家文物局和江苏省文物局的大力支持下，溧阳古县遗址连续多年开展发掘工作，取得了诸多重要收获。首先，明确了六朝古县城的规模布局，厘清了城址四至和城门、道路的分布。溧阳古县遗址的发掘工作始终秉承文化遗产保护理念，坚持发掘信息"一张图"的城市考古思路，建立地理信息系统，在整体思路中逐步探索，发掘工作精耕细作，关键局部细致解剖，逐渐明晰了古县城的城墙与城门分布，揭示了城内"十"字干道、城外环城路网及排水系统，首次较为完整地揭露了六朝时期县城遗址的结构布局，确认为六朝"永平""永世"县治所在。第二，揭露城址内外的重要建筑遗存，细化了六朝县城的功能区划。建筑是城市属性的重要标志，不同级别的建筑遗存代表了不同属性的城市内涵。六朝县城作为当时政治体制下的重要基层治理机构，城圈范围、城门和道路设计、建筑规模等县级行政配套设施当与其时规制相符。同时，不同地域的建筑材料或风格又会有一些区域性的特点，如古县遗址的建筑遗存多用木桩地钉加固基础、蚬螺壳当石灰使用等，这应是与本地环境相适应的产物。城内中北部揭示的六朝建筑遗存多期叠压，说明城中方位的重要性；建筑堆积中出土建筑构件以青砖、筒瓦、板瓦、瓦当居多，建筑等级颇高。城外西北部高地揭示的六朝"外圆内方"建筑形制特殊，基址解剖面透露的信息说明，"方圆建筑"至少存在三期营建的情况，具有十分重要的礼制意义。城外东北部发现的南朝院落建筑遗存布局规整、规模颇大，体现了城外建筑空间的营建布局。此外，调查与钻探揭示出临河码头类遗存、城内外联通的路网及水网遗存、城址南侧的水坝遗存、城址外围山地上的墓葬遗存等，由此组成的六朝县城功能空间逐渐清晰而明朗。第三，遗址内出土了数量众多且种类丰富的六朝时期生产生活器物，包括瓷器、陶器、铁器、青铜器、石器、木器、建筑构件等，涵盖了其时社会生产生活的方方面面。其中瓷器尤其丰富，器形多样，窑口众多，涵盖越窑、德清窑、洪州窑、岳州窑等多个窑口产品。这为我们科学探索六朝县城的生产生活、技术工艺、文化交流、商品贸易、水运交通等提供了翔实且难得的实物资料，为深入解读溧阳古县遗址的重要历史文化内涵打下坚实的物质信息基础。

以六朝县城遗存的发掘揭示为依托，逐步开展六朝物质技术、水运交通、文化交流、县城与都城、大一统国家形成等方面的课题探索，将会进一步推动六朝考古的深入研究，并为江苏地域文明探源工程的顺利实施和突破进展提供动力支撑，把江苏地域文明历史研究引向深入，积极推进江苏考古事业高质量发展。同时，细化六朝县城遗存的考古研究，还可为探索六朝时期的基层社会治理、多元一体文化、中华统一格局形成等提供重要参考，为弘扬中华优秀传统文化、增强历史自觉、坚定文化自信提供坚强支撑。

六朝古县城，小而完备，可谓"麻雀虽小五脏俱全"。这是江苏第一座完整发掘的"以备（山）越"的县城遗址，补足了江南地区六朝县城形制布局等资料，具有十分重大的学术价值和历史意义！溧阳市委、市政府，古县街道等相关部门高度重视古县遗址重要考古成果，积极推动古县遗址博物馆和古县遗址公园的规划建设。相信在"保护第一、加强管理、挖掘价值、有效利用、让文物活起来"新时代文物保护工作方针指导下，溧阳古县遗址的文化遗产传承和文物保护利用水平会实现全面提升，文旅融合与地方建设会相互促进、相得益彰！

《江苏溧阳古县遗址出土六朝瓷器》按照器类、窑口、釉色、时代等顺次对遗址出土的部分六朝生产生活用瓷进行编排，是溧阳古县遗址出土六朝瓷器的一次集中展现。

盛之翰

2024 年 12 月 13 日

目 录

目 录

江苏溧阳古县遗址

六朝县城考古的重大发现

江苏省文物考古研究院　高伟

古县遗址，因位于江苏省溧阳市天目湖镇古县村而得名，村子现已拆迁。遗址南距溧阳团城7.5千米，现存面积约18万平方米，隶属于新置的古县街道。遗址地处太湖西北部天目山脉延伸地带，北倚燕山，西凭大真山，南望宜溧山地，东南部为相对开阔的平坦低地，中心地理坐标为北纬31°22′8″，东经119°28′0.16″（图1）。

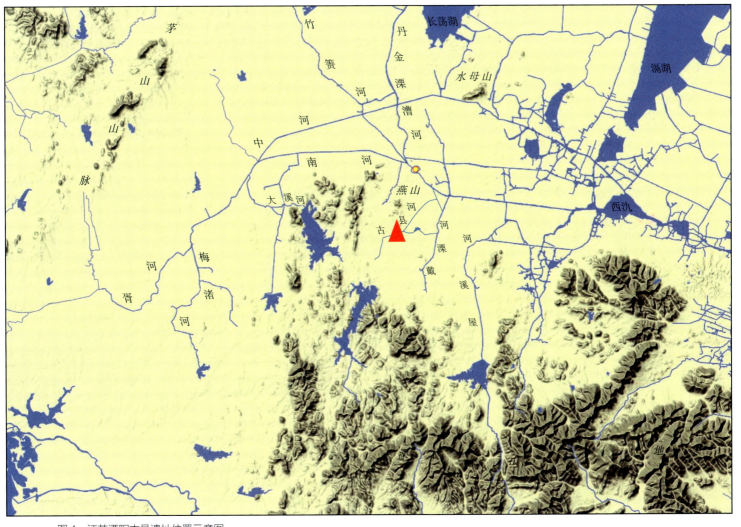

图1　江苏溧阳古县遗址位置示意图

图 2　古县遗址远景

　　源自西南岗丘的茶亭河流经遗址南侧，沟通了溧戴河、胥溪和丹金溧漕河，串联了河道密布的江南水网系统（图 2）。遗址所在原为一处直径约 600 米的近圆形台地，台地地势高亢，周边河道环绕、水凼密布，形成了天然的封闭防护环境。古县城址即坐落于台地东南，地势西北高东南低。

一、发现与发掘

　　古县遗址于 2008 年全国第三次不可移动文物普查期间由溧阳市文管办登记为一般文物点，包含有古县村的青石望柱、石板路和古井等单体文物[1]。2018 年，为配合南京航空航天大学天目湖校区建设，南京博物院等对古县村东的青龙头墓地[2]和大山下窑址[3]进行了抢救性考古发掘，在此期间对古县遗址进行了初步踏查，采集到丰富的青瓷器、硬陶器和砖瓦建筑构件等标本。2019 年，古县村拆迁，受江苏省文物局委托，南京博物院等对古县村东、西两处地块进行了全面的考古调查勘探，初步认识了古县遗址的分布范围和文化层堆积状况。同年底，江苏省文物局组织召开了古县遗址勘探成果论证会，对古县遗址的重要文化内涵予以充分关注，积极推动溧阳古县遗址考古工作转变为主动发掘项目，此举得到了国家文物局的大力支持。

　　2020 年以来，南京博物院等对古县遗址开展了持续的考古发掘工作，按计划落实工作任务，逐步深化了对古县遗址的认知和研究。考古工作伊始，考古队即以整体揭示溧阳古县城址布局、功能分区和历史沿革为学术目标。布设探方设置了总坐标基点，分为 I、II、III、IV 四象限开展工作，对遗址及周边文物点的探索揭示规划了一个比较开阔的视角；发掘过程秉承文化遗产保护理念，以了解遗存布局属性为重点，

---

1. 溧阳市文物管理委员会全国第三次不可移动文物普查资料。

2. 南京博物院、溧阳市文体广电和旅游局、溧阳市博物馆：《江苏溧阳青龙头墓地 M35、M22 发掘简报》，《东南文化》2022 年第 2 期。

3. 杭涛：《溧阳市大山下唐代窑址》，《中国考古学年鉴 2019》，中国社会科学出版社，2021 年，第 243 页。

开展局部的关键性解剖发掘，注重保护重要遗存面；贯彻执行城市考古理念，精耕细作探寻城址要素，确立发掘信息"一张图"，建立地理信息系统；立足钻探和发掘，结合文献史料和相关城址比较研究，探索六朝县城遗存的主要特征和历史地位；运用科学手段全面多维度记录信息，多视角比较研究；并积极探索六朝县城文化与周边文物点的关联、文化交流与互动影响，充分诠释六朝城市与文明的重要意义及其重大影响力。

2020 年，受新冠疫情和持续不断的雨水影响，考古发掘工作推迟到当年 8 月份才正式开始，主要工作是在遗址 I 区进行抢救性发掘。因当地在这片区域规划建设一座学校，所以考古队实际上做的是配合基本建设的任务。经过近半年的紧张发掘，我们揭露出一处高台地的"外圆内方"建筑和一处面阔三间进深四间的院落式建筑，时代特点较为明确，具有六朝时期的文化特征，同期相关遗存十分少见。来工地现场指导的专家学者纷纷表达出浓厚的兴趣，指出要重点探明其内涵。发掘期间地方建设单位也多次观摩现场，提出早日用地的意愿。基于此，考古队及时上报单位及江苏省文物局在古县遗址发掘中取得的重要发现。江苏省文物局在 2021 年 4 月组织召开了 2020 年度古县遗址考古发掘成果论证会，来自江苏省文物局、南京博物院、南京市考古研究院、镇江博物馆和溧阳市文旅局等单位的专家学者围绕古县遗址 2021 年度的考古重要发现展开充分论证，一致认为古县遗址六朝建筑遗存具有重大历史价值和学术意义，建议地方政府整体保护或进一步弄清楚布局和内涵。溧阳市委、市政府十分重视古县遗址的考古重要发现和专家论证意见，置换了规划学校的建设地块，为考古工作的整体顺利开展提供了积极的政策支持。本年度的发掘收获在《文化月刊》进行了报道[4]，同时借助工地开放发掘的机会开展了系列宣讲教育活动[5]，相关媒体进行了采访报道[6]，考古队也受邀在古县街道做了一次公众考古讲座，在汇报考古收获的同时，宣传了考古与文化遗产保护工作[7]。

2021 年至 2022 年，有了前期重要发掘收获的铺垫，考古工作更加专注于计划任务——厘清古县城址四至。发掘工作以勘探为基础，结合探沟和探方的布设，重点对城址的北城墙和东城墙进行了揭示确认，深入了解城墙堆积性状与时代内涵，分析研判城墙的构筑与变迁，并钻探出南城墙和西城墙的大致范围走向，对城门、道路等的探寻有了较为明确的方向。在北城墙与东城墙的拐角外侧的下层堆积中揭露出一处西周晚期至春秋早期的硬陶窑址，城墙废弃后营建有多座北宋时期的墓葬，进一步明确了城墙的构筑与废弃年限。在此基础上，我们制定了《古县遗址考古工作计划（2022–2025）》，积极响应"江苏地域文明探源工程"，深入贯彻落实"六朝城市和文明研究"课题计划。此外，为配合天目湖永平嘉苑房产项目的建设，在古县遗址西侧地块开展抢救发掘，揭示有水井、墓葬、灰坑和灰沟等诸多遗迹现象，丰富了古县城址外围文化堆积的认知。尤为值得关注的是，此次在城墙东北部揭露的早期窑址以专门烧制印纹硬陶器为突出特征，此为江苏地区首次明确揭示的硬陶窑址。窑内出土硬陶标本数量众多，器形十分丰富，可辨有罐、盖、碗、坛、盂、瓿、尊和豆等，拍印纹饰多样，以回纹、菱形填线纹、折线纹、弦纹、套菱纹和方格纹等组合纹饰较为多见，另有少量的席纹和水波纹等，具有西周晚期至春秋早期的时代特征。窑址简报已整理投

4. 高伟、董珊珊：《溧阳古县遗址考古揭示"永平""永世"县治——全国首度发现三国南朝时期相对完整的县城遗址》，《文化月刊》2021 年 5 期。

5.《馆校合作｜从文物到文化到文明，溧阳市博物馆开启"考古课堂"》，https://mp.weixin.qq.com/s/_n-uFoDFeTDvACaBix7h4g

6.《江苏考古发现完整古县城〈三国志〉中的永平县首露真容》，https://www.chinanews.com.cn/m/cul/shipin/cns-d/2021/04-16/news886086.shtml

7.《考古队长带你探秘溧阳古县遗址！》，https://history.sohu.com/a/462606046_99966939

稿，目前在《东南文化》待刊[8]。同时，借助科技分析手段，我们对周边窑址和土墩墓内出土的硬陶器进行了分析及比对研究，相关印纹硬陶器化学组成具有高度重合的区间[9]，进一步揭示出古县窑为宜溧山地硬陶窑址的重要产地，宜溧山地或为江苏地区印纹硬陶器的重要产地与来源之一。此次考古发掘收获在《大众考古》进行了报道[10]，相关成果也以图片展览形式进行了展示宣传[11]，2022年底考古队受邀在古县街道"溧书房"开展了第二次公众考古讲座活动。

2023年，古县遗址的考古工作在坚持着按计划进行。偶然又必然发现的城内"十"字道路网指引出东、南、西三处门道位置，随之城外环城路及排水系统被揭露，多项关键性证据的揭示为城圈的围合与确认奠定了坚实的基础。结合钻探与局部发掘所获，古县城址的整体布局基本确认，城址发掘的初步学术目标得以达成。同时在调查钻探的基础上，城内相关建筑遗存的分布与功能分区已经得到初步了解，城外码头、水涵与水坝等遗存的分布亦有所认知。12月22日至23日，江苏省文物考古研究院组织召开了江苏溧阳古县遗址考古发掘成果专家论证会暨考古遗址公园建设规划咨询会，来自中国社会科学院考古研究所、中国人民大学、南京大学、华侨大学、南京师范大学、江苏省文物局、南京博物院、江苏省文物考古研究院等单位的专家学者对古县遗址的发掘与保护工作建言献策。与会专家充分肯定了考古发掘取得的成果，并对考古发掘工作进行细致指导，要求加强考古研究的深度和广度，并建议地方政府进一步做好古县遗址公园的规划建设，加强对古县遗址完整性的保护和遗址周边建设的监管，积极推动文化遗产传承和文物保护利用水平的全面提升，促进文旅融合事业的高质量发展。此后的1月23日（2024年），江苏省文物考古研究院邀请北京大学、南京大学、复旦大学、南京师范大学等高校专家学者为古县遗址的整理和研究展开论证，强调科技考古手段介入的必要性，建议增加多学科研究的方式与方法。为更好宣传江苏溧阳古县遗址的重要发现，单位安排考古队汇总历年考古信息，系统梳理了一篇《江苏溧阳古县遗址：一座存续四百年的六朝县治》总结文稿，在《文博中国》发布[12]。同时，挑选文物标本出版《江苏溧阳古县遗址出土六朝瓷器》。另外，《六朝"永平""永世"县史迹考》[13]《试论永平永世置县年代》[14]等相关研究文章或已发表或已成稿。

2024年至今，考古队以揭示城内主要建筑遗存的分布、形制和朝向为主要目标课题向国家文物局申报新一年度的工作计划，经批复同意，现发掘工作正在进行。我们希望通过对城内建筑遗存进行发掘和揭示，搞清楚六朝县城的建筑遗存分布、形制和朝向等问题，同时对城内遗存的堆积属性、各期文化遗存的时代特征进行分析和研究。同时，结合钻探和小探沟发掘工作，就城内排水沟与城外水网系统、河道与码头等进行探寻，进一步明晰六朝县城的布局特征。

二、收获与认识

古县遗址的考古工作自2019年的调查勘探开始，至今已然是第六个年头了。经过调勘与发掘工作，

---

8. 江苏省文物考古研究院、南京博物院：《江苏省溧阳市古县遗址Y1发掘简报》，待刊。

9. 郁永强、高伟、吴军明：《江苏溧阳古县遗址出土印纹硬陶科技分析研究》，待刊。

10. 高伟：《江苏溧阳古县遗址》，《大众考古》2022年第2期。

11. 《新展推荐｜穿越千年的文博之旅》，https://mp.weixin.qq.com/s/591oMCCNTvKKuudRi-8BwA

12. 高伟：《江苏溧阳古县遗址：一座存续四百年的六朝县治》，《文博中国》，https://mp.weixin.qq.com/s/_WLYZd_5FKa7L2lEqwSI-A

13. 高伟：《六朝"永平""永世"县史迹考》，《安徽大学考古专业成立二十周年纪念文集》，科学出版社，2023年，第208～218页。

14. 曹昕运：《试论永平、永世置县年代》，待刊。

江苏溧阳古县遗址的考古工作取得了重大收获，揭露了大量的文化遗存，呈现出相当丰富的遗迹遗物，其中最为关键的当数六朝古县城址的揭示和确认，并对古县城址的整体布局形成了初步的了解，对相关遗存的属性和内涵有了基本的认知。当然，关于城址的细节要素、功能分区和相关课题的深入分析等仍待进一步深化研究。众所周知，城址考古工作本来就是投入大、周期长、见效慢，没有轰动效应，重都城轻郡县城，南方地区的城址考古尤其如此。古县遗址的相关考古收获之于六朝城址的深入研究无疑颇多增益。近几年持续开展的发掘工作主要在古县遗址I象限内开展，揭示出城墙、门道、道路、重要建筑遗存、水井、灰坑、灰沟、窑址、墓葬等诸多重要遗迹现象，出土了大量的瓷器、陶器、铁器、铜器、砖瓦建筑构件等各类生产生活遗物。相关遗存时代上自西周汉代，下及六朝明清，其中尤以六朝时期遗存最为丰富，占据总量的八成以上。丰富的各期文化遗存为科学解读和研究古县遗址的厚重历史文化内涵提供了充分的实物资料，遗址发掘取得了重大突破。

（一）围合城址四至、明确城门分布

根据目前的考古工作所获可知，溧阳古县城址平面呈长方形，南北城墙略长，约160米，合汉尺约70丈；东西城墙稍窄，其中东城墙约105米，西城墙约115米，合汉尺约50丈；城周约540米。城址中轴线方向大约为北偏西10°。在东、西、南城墙中间位置各有一处缺口发现，是为城门东、西、南位置所在。

北城墙营建于生土层上，平整地表后立柱定边、起筑夯层，城墙底部夯层为夹杂少量碎石的细密黄土，其上以碎石子、蚬螺壳等物填充，再覆以细密黄土层层夯筑，夯层厚度10～15厘米。城墙内外两侧皆以青砖包砌，局部可见有二次堆筑加固迹象。墙体宽7～9米，现存高度0.8～1米。

南城墙距北城墙110米左右，距南侧河道50米左右。与北城墙营建模式不同，南城墙之下发现有厚厚的垫土堆积，或因临近河道和地势较低缘故，在堆筑的垫土之上夯筑城墙，以细密黄土层层夯筑，夯层厚度5～10厘米。城墙两侧有单砖包砌，间以规律柱洞加固。城墙宽6.5～7米，现存高度0.4～0.6米。

南城门位于城墙中部偏东位置，为城内南北向道路穿墙而过处，缺口宽约4米。两侧的门墩基址以黄土夯筑，与门道结合部残存有少量墩体包砖。墩台周边发现有大量的红烧土带，其下揭露有规律分布的柱洞。在发掘过程中出土了较多的板瓦、筒瓦、瓦当等建筑构件（图3）。

图3　古县城址南门道（上为北）

东城墙与西城墙是通过城内路网的指示来确认的，城内东西向干道的两端与城外道路交会，缺口处正是门道位置所在，两侧的夯筑门墩和包砖指示了东、西城墙位置及走势。东、西两侧城墙保存较差，皆起筑于生土层上。东城墙缺口两侧有黄色夯土基址，发现有密集且规律的柱网分布，当为门墩基址所在。西城墙缺口两侧皆有包砖，为单砖错缝平铺的砌筑模式（图4）。

图4　东门道

（二）揭示城址路网、理清排水系统

城内的道路呈"十"字形分布，在城址中部位置交会。道路上层路基以蚬螺壳碎或黄土铺就，下层有多期砖铺路面。路层堆积反复叠压，有左右摆动迹象，路基宽度4米左右。道路两侧皆有排水沟发现，并于"十"字连接处连通，指示为城内重要的排水设施。在西城门揭露的水沟与城外排水沟相连（图5）。

图5　古县城内"十"字路口（上为西）

图 6　古县城南环城路（上为东）

图 7　永世桥"龙头"构件

此外，在南城墙外侧、东城门外侧、北城墙外侧皆揭露有紧邻城墙的道路，路基以蚬螺壳、黄土和残碎砖瓦片填实铺就，宽度 4～6 米。据此可知城墙外侧应存在一圈环城路，连通了城址内外（图 6）。

南环城路的路边发现有分布规律的柱洞遗存，清理了多座由盖罐、碗罐、砖罐组合的儿童瓮棺葬，可能与"小孩葬于道"的风俗相关。北环城路发现有清晰且密集的车辙痕迹，在路边还揭露出一条宽约 1.5 米的灰沟，距地表深约 1.3 米。结合钻探数据来看，这条灰沟与北环城路外和西城墙外的排水沟相连，沟宽 1～20 米，深 0.8～2.5 米。排水沟可以南连河道、东接洼地，具有排泄来水、防护路基和城墙的作用。

（三）发现重要建筑、探明城址布局

城内建筑遗存的发掘揭示工作尚在进行中。城址东门外、南门外皆存在建筑夯土分布区，相关揭示工作也在以探沟发掘方式逐步开展。南门外尚存有明清时期的石板街，可通河道，当存码头，我们也在进一步探寻六朝时期的码头遗存。1980 年古县村拆去了一座明神宗万历年间重建的永世桥[15]；近期，溧阳市博物馆工作人员已将石桥相关设施霸下（龙头）在附近居民家中寻得（图 7）。经

15. 溧阳县地方志办公室编：《溧阳县志资料（第一辑）》，溧阳县印刷厂承印，1984 年，第 121 页。

图 8 古县城外的"外圆内方"建筑遗存

考古发掘的重要建筑遗存皆集中于城址外部：一处位于城外西北高地，一处在城外东北，即 2020 年发掘揭露的区域。

城外西北高地存在 2 处"外圆内方"的建筑遗存，南侧圆台地直径约 14 米，以细密黄土层层夯筑，台地中间以青砖砌筑边长约 5.5 米的方形建筑；北侧建筑外圆直径约 6 米，内方边长约 4 米（图 8）。建筑上层的堆积中出土了较多的青砖、板瓦、筒瓦和瓦当等建筑构件。部分青砖模印纪年铭文"建武元年八月……""咸康四年……""兴宁……"。东侧 40 米发现有排列密集、分布规律的柱洞遗存，应是建筑遗存的重要组成，上层堆积中出土有较多的砖瓦建筑构件，部分筒瓦上反书模印"大兴元年七月十日"铭文。

院落遗存分布在城外东北部，地势相对较低，东侧临近水涘。现揭露出一处面阔三间、进深四间的院落式建筑基址，院落坐东北朝西南，朝向城址。建筑基础铺垫有厚约 0.5 米的黄土层，其上营建的房址由砖墙、柱洞、砖铺面等构成，房址各单元间以砖路联结，布局颇为规整，营建面积达 1000 余平方米。院落上层堆积中出土了大量的六朝时期生产生活遗物和丰富的建筑构件。院落南部有一条宽约 5 米的石子路东西向分布，从发掘和解剖的层位关系来看，此路与院落同期使用，并沿用至唐宋时期。

（四）调勘外围水涘、了解坝体属性

古县遗址的外围分布着大量的水面，南侧河道经 20 世纪 70 年代裁弯取直。在河道南侧、遗址西侧有大片的开阔水域，古县周边开发之前一直是当地的水塘鱼塘，这与相关史料记载的"古县涘"应该紧密相关。（乾隆）《江南通志·卷十三·舆地志》载："古县涘在溧阳县南十五里，晋永世县故址，与千里涘相连。"时代稍早的史料《三吴水考·卷二》和《景定建康志》也有类似的记载[16]。遗址的东侧同样是丰富的水体，水面稍窄，现多被开发成了居民小区。遗址北侧开发较早，正式考古工作之前已被建设完成，结合早期卫星照片仍可辨识有密布的水网河道。由此我们可以初步推定，古县先民择高台而居，邻水而作。若以古县城址为"子城"，外围相对闭合的水体则可称之为"郭城"。

那么，水涘的边界外又有哪些遗迹呢？遗址北侧、西侧水体的外围是另一处高地或山体，或为相类的居址或墓地位置所在。遗址南侧"古县涘"的边界则是一处坝体，现名为"沈家坝村"。考古队对这片区域进行了调查和钻探工作，明确"沈家坝"存在汉晋时期人工堆筑的坝体，坝体以细密黄土垒砌，残高约 2 米，宽约 30 米，坝体之下还有商周时期地层堆积。沈家坝遗址现存两处分布区，其东 180 米 ×100 米，尚存未拆迁的沈家坝村房址，其西 260 米 ×150 米，两区之间间隔 80 余米，恰如水坝放水蓄水的闸门所在。巧合的是，在此处高坝体以南，现在仍是江苏省的基本农田保护区。结合始皇二十六年（公元前 221 年）的记载，溧阳县境内"中央腹地，盖江湖满地，绝少平畴"，山越人居南部丘陵山区"种植稻谷，开塘筑坝，拦蓄雨水涧泉，以资灌溉"。至孙吴时期，溧阳"开渎筑埭，拓荒垦种，发展农桑"。古县城本以"平治山越"而置，那么这处水坝是否就是当时开发建设的重要见证呢？现在看来很有可能。当然，科学的推断尚待考古发掘工作进行揭示与确认。

（五）出土众多遗物、探索地域文明

遗址内出土了大量的西周、春秋、汉代、六朝及明清时期的遗物标本，包括硬陶、陶、釉陶、瓷、铁、铜、金、银、石、琉璃、骨、砖瓦构件等各类质地的生产生活器物，器形有罐、壶、碗、钵、盘、盂、盆、砚、灯盏、

16.（乾隆）《江南通志·卷十三·舆地志》，清文渊阁四库全书版；（明）张内蕴、周大韶同撰：《三吴水考》；（宋）周应合撰：《景定建康志》，南京出版社，2009 年。

图 9 古县遗址出土六朝瓷器

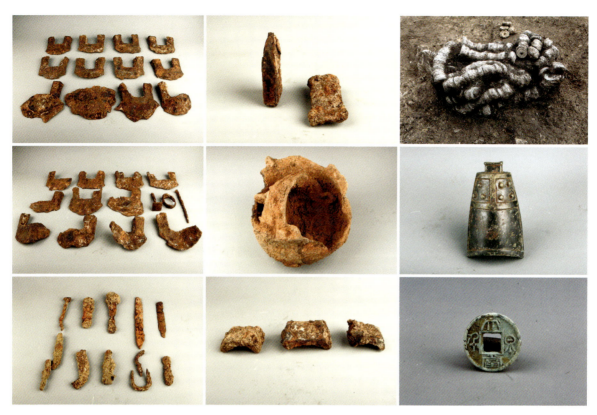

图 10 　古县遗址出土金属器

铁锸、铜镜、铜钱、头饰、骨器、建筑构件等等，现有可复原器物数量超过8000件，陶瓷片标本数以万计，另外还有丰富的动植物标本等，真实再现了古县先民的生产生活状况（图9、10）。

出土遗物中以六朝时期遗物最为丰富，占出土物的绝大多数，器类丰富，包含社会生产生活的方方面面，尤以瓷器为大宗，可辨器形有罐、壶、灯盏、盆、洗、器盖、碗、钵、碟、盘、砚、豆、镇、炉等，窑口有德清窑、越窑、洪州窑、岳州窑、温台地区窑口（婺州窑）、宜溧本地窑等。

《溧阳县志》载："古县，孙吴永平县，晋宋齐梁陈隋永世县并治之在，今治南十五里。建康志云：周三百步，遗址高一二尺，今俗称故县，内有唐隆寺旧基，乡民尤能言古狴犴之所。"[17] 县志所依参照，为唐天复三年（903年）的县治——溧城镇老城区，古县遗址正处在溧城镇东南方向约7.6千米处，即"今治南十五里"，周边山川地貌与古地图一致，河流分布一致，地理位置相符。结合古县遗址考古资料所揭示的文化内涵，可基本认定溧阳古县遗址即六朝时期"永平""永世"县治所在。遗址及周边发现有较多西周窑址和汉代大墓等遗存，说明在"永平"县治设置之前，本地的社会发展已然具备相当规模，换言之，是古县较高的发展水平和区位优势奠定了"永平""永世"县治的设置基础。或许由于本地具有较好的社会发展基础和战略环境定位，进入三国时期，孙吴政权以大将凌操"守永平长，平治山越"，"永平"县治初立。西晋短暂一统，"永平"更名"永世"，至东晋宋齐梁陈隋，县治仍旧。直至隋唐之际永世县废置。北宋墓葬较多地出现在城墙高地，说明其时的古县城荒芜已久。

17.《中国地方志集成·江苏府县志辑32·嘉庆溧阳县治光绪溧阳县续志》，江苏古籍出版社，1991年，第43页。

三、价值与意义

江苏溧阳古县遗址的发掘明确了城址四至和城门分布，发现了城内"十"字干道和城外环城路网，揭示了城内外排水系统、城外礼制建筑遗存和院落建筑遗存，遗址地望内涵与六朝"永平""永世"县高度契合，可明确为县治所在。这是国内首次较为完整揭露的六朝时期结构布局较清晰的县城遗址。

古县城址的营建技术颇多南方或区域内的特点，如多用木桩地钉加固、蚬壳当石灰使用等，这是与地理环境相适应的产物，是六朝时期东南地区与山越相关的重要城池，在中国古代城池（市）史上具有十分重要的实证价值，补足了江南六朝县城的形制布局等资料，提供了多时段城址发掘与文明延续发展的历史断面。遗址保存基本完好，官署区、居民区、路网、城门、码头、河道等遗迹一应俱全，尤其是城外西北部的礼制祭祀遗址绝无仅有，是理解地方城市布局、基层社会生活状况和社会性质无比珍贵的资料。

"郡县治、天下安"，溧阳古县遗址（六朝"永平""永世"县治）设县于三国时期，废置于隋唐之际，与六朝相始终，是新的政治军事经济条件下六朝构建的以建康为中心的新城市体系。古县城近拱建康、远控东南，体现了六朝在南方地区进行国家治理的新考量，是南方地区六朝基层社会治理的县治样本。某种意义上可以看作是六朝城市以及政治新格局中的重要节点。从汉末开始中原北方人口大规模迁徙，华夏文明主体部分在六朝时期转移到南方地区，华夏文明在南方如何延续发展、江南如何开发和中国经济重心南移的具体进程……古县遗址以种类丰富、数量众多的实物资料进行了形象叙述，是地方社会生活的生动写照，更是民族融合发展的历史见证、六朝时期华夏文明进程的真实缩影。

总之，江苏溧阳古县遗址的发掘为全面客观地解读六朝"永平""永世"县治及其前世今生提供了科学依据，为整体深入解读其时社会生产生活面貌、探索城址发展变迁、深化中华民族多元一体格局的研究提供了十分难得的六朝县城遗存样本，具有十分重要的考古、历史和文化研究价值。

2024 年 4 月 23 日

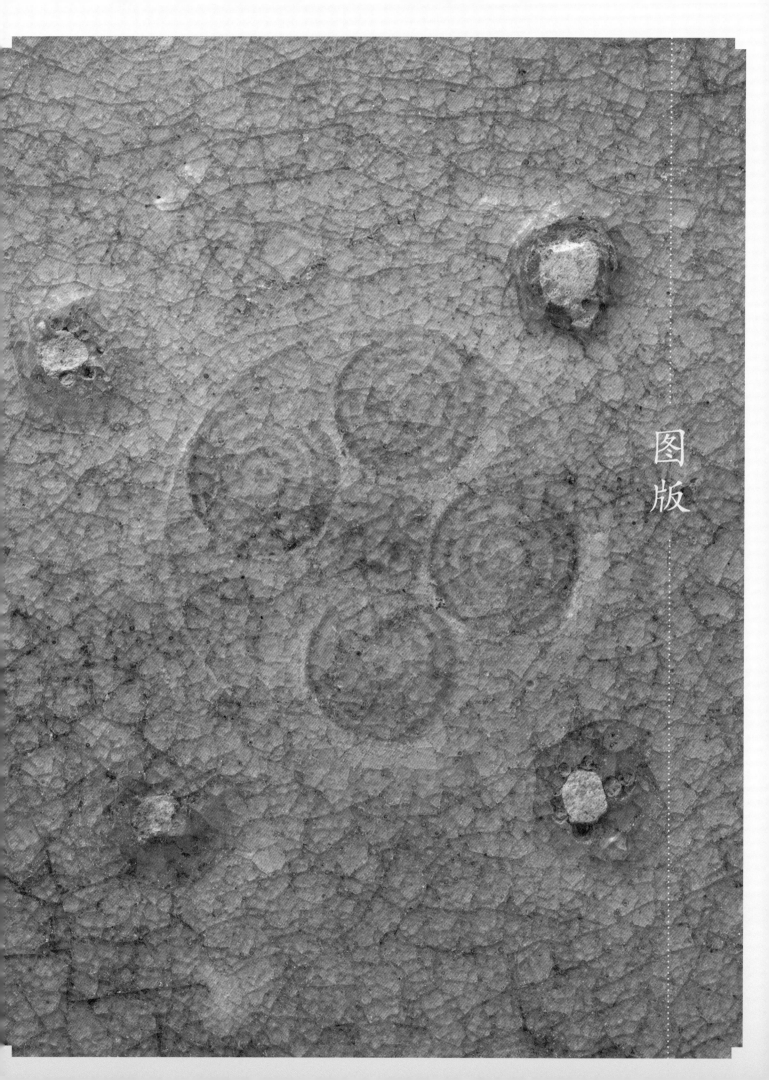

2022LGITG25⑤：4

青釉碗

口径 17.8、底径 10.4、高 5.7 厘米
德清窑
东晋

敛口，圆唇，唇外饰一周凹弦纹，弧壁，平底内凹，内外底皆见砂粒状支钉痕。紫褐胎，施青釉，内壁满釉，外壁施釉不及底。

2021LGITG11①：2

青釉碗

口径 16.8、底径 11.1、高 8.1 厘米
德清窑
东晋

敛口，尖圆唇，唇外饰一周凹弦纹，弧壁，平底，内外底皆见块状支钉痕。紫褐胎，施青釉，内外壁皆满釉。

2020LGH62：7

青釉碗

口径 19.0、底径 11.1、高 8.9 厘米
德清窑
东晋

敞口，圆唇，弧腹，平底内凹。口沿下及内底有凹弦纹一周，内底可见支钉块状痕。红胎，施酱釉，内壁施满釉，外壁施釉不及底，有滴釉痕。

2020LGTG6②：57

青釉碗

口径 16.7、底径 9.2、高 6.1 厘米
德清窑
东晋至南朝

敛口，尖圆唇，弧壁，平底，内外底皆见砂粒状支钉痕。紫褐胎，施青釉，内外壁皆满釉。

2020LGH23：6

青釉碗

口径 18.0、底径 10.9、高 8.1 厘米
德清窑
东晋至南朝

敛口，尖圆唇，唇外饰一周凹弦纹，弧壁，平底，外底见块状支钉痕。紫褐胎，施青釉，内外壁皆满釉。

2022LGITG25⑮：4

青釉碗

口径 15.8、底径 9.4、高 6.0 厘米
德清窑
东晋至南朝

直口微敛，尖圆唇，唇部饰褐色点彩，唇外饰
一周凹弦纹，弧壁，平底，内外底皆见砂粒状支钉痕。
灰褐胎，施青釉，内壁满釉，外壁施釉不及底。

2023LGG48：1

青釉碗

口径 12.6、底径 7.1、高 4.8 厘米
德清窑
东晋至南朝

直口微敛，尖圆唇，弧壁，平底。内底见支钉痕。
紫褐胎，施青釉，内壁施满釉，外壁施釉不及底。

2020LGⅠTG3③：15

青釉碗

口径 16.2 ～ 17.2、底径 8.6、高 5.5 ～ 6.5 厘米

德清窑

东晋至南朝

敞口，圆唇，弧壁，平底略内凹，内底见三个支钉痕，外底见垫具痕。灰褐胎，施青釉，内壁满釉，外壁施釉不及底。

2023LGG48：4

青釉碗

口径 18.0、底径 11.0、高 5.8 厘米
德清窑
东晋至南朝

敞口微敛，圆唇，唇外饰一周凹弦纹，弧壁，平底内凹，内底见一周砂粒状支钉痕。灰褐胎，施青釉，内壁满釉，外壁施釉不及底。

2020LGH62：6

青釉碗

口径 15.6、底径 10.7、高 6.3 厘米
德清窑
东晋至南朝

直口，圆唇，唇外饰一周凹弦纹，弧壁，平底
内凹，内外底皆见砂粒状支钉痕。紫褐胎，施青釉，
内壁满釉，外壁施釉不及底。

2020LGⅠTG3②：29

青釉碗

口径 13.4、底径 8.0、高 5.8 厘米
德清窑
东晋至南朝

敛口，尖圆唇，唇外饰一周凹弦纹，弧壁，平底内凹。紫褐胎，施青釉，内外壁皆满釉。

2020LGⅠTG33③：59

青釉碗

口径 13.4、底径 8.0、高 5.8 厘米
德清窑
东晋至南朝

敛口，尖圆唇，唇外饰一周凹弦纹，弧壁，平底内凹。紫褐胎，施青釉，内外壁皆满釉。

2023LGG60①：1

青釉碗

口径 16.6、底径 9.2、高 5.8 厘米
德清窑
东晋至南朝

敛口，尖圆唇，弧壁，平底内凹，内外底皆见
砂粒状支钉痕。紫褐胎，施青釉，内壁满釉，外壁
施釉不及底。

2022LGITG21⑨：36

青釉碗

口径 14.8、底径 9.8、高 6.2 厘米
岳州窑
东晋

直口微敛，圆唇，弧直壁，平底略内凹。内底见一周块状支钉痕。浅灰胎，施青釉，内壁施满釉，外壁施釉不及底，有滴釉痕。

2022LGITG13①：56

青釉碗

口径 15.3、底径 11.9、高 5.8 厘米
岳州窑
东晋

直口，圆唇，唇外饰一周凹弦纹，弧直壁，平底。
灰黄胎，施青釉，内壁满釉，外壁施釉不及底。

2021LGJTG13①：55

青釉碗

口径 16.1、底径 12.4、高 5.6 厘米
岳州窑
东晋

直口，圆唇，唇外饰一周凹弦纹，弧直壁，平底。
灰黄胎，施青釉，内壁满釉，外壁施釉不及底。

2022LGG25③：3

青釉碗

口径 14.8、底径 9.2、高 5.2 厘米　　　　　　　　敞口，方唇，弧直壁，平底。浅灰胎，施青釉，
岳州窑　　　　　　　　　　　　　　　　　　　　内壁满釉，外壁施釉不及底。
东晋

2022LGITG29④：62

青釉碗

口径 15.6、底径 9.4、高 7.5 厘米
岳州窑
东晋至南朝

直口，圆唇，唇外饰两周凹弦纹，弧壁，饼足。
内底见一周块状支钉痕。灰黄胎，施青釉，内壁施
满釉，外壁施釉不及底。

2023LGG60③：7

青釉碗

口径 15.8、底径 9.4、高 6.2 厘米
岳州窑
东晋至南朝

直口微敛，尖圆唇，弧壁，平底。内底见一周块状支钉痕。浅灰胎，施青釉，内壁施满釉，外壁施釉不及底，有滴釉痕。

2022LGITG14③：18

青釉碗

口径 15.9、底径 9.1、高 6.7 厘米
岳州窑
东晋至南朝

敛口，圆唇，弧壁，平底。内底见一周块状支钉痕。浅灰胎，施青釉，内壁施满釉，外壁施釉不及底，有滴釉痕。

2020LGIT1124①：10

青釉碗

口径 12.5、底径 4.5、高 7.5 厘米
岳州窑
南朝

直口，方唇，弧壁，饼足。浅灰胎，施青釉，内壁满釉，外壁半釉，有积釉痕。

2020LGG4：11

青釉碗

口径 12.5、底径 4.0、高 8.6 厘米
岳州窑
南朝

青釉碗，直口，方唇，弧壁，饼足，内底可见支钉痕。灰黄胎，施青釉，内壁满釉，外壁施釉不及底，有积釉痕。

2020LGG5②：4

青釉碗

口径 14.8、底径 6.8、高 5.0～5.5 厘米
越窑
东吴至西晋

敛口，圆唇，唇外饰一周凹弦纹，弧壁，平底
内凹，内底见三个支钉痕。浅灰胎，施青釉，内壁满釉，
外壁施釉不及底。

2020LGJ3：1

青釉碗

口径 16.8、底径 7.6、高 5.3 厘米
越窑
东吴至西晋

敞口，圆唇，唇外饰两周凹弦纹，唇内饰一周凹弦纹，弧壁，平底内凹。浅灰胎，施青釉，内壁满釉，外壁施釉不及底。

2020LGG5④：3

青釉碗

口径 13.6、底径 8.0、高 4.9 厘米
越窑
东吴至西晋

敛口，尖圆唇，唇外饰一周凹弦纹，弧壁，平底内凹。浅灰胎，施青釉，内壁满釉，外壁施釉不及底。

2020LGG5③：25

青釉碗

口径 15.8、底径 7.8、高 5.4 厘米
越窑
东吴至西晋

侈口，圆唇，唇外饰一周凹弦纹，弧壁，平底内凹。浅灰胎，施青釉，内壁满釉，外壁施釉不及底。

2020LGIT1227③：6

青釉碗

口径 15.8、底径 8.3、高 5.5 厘米
越窑
东吴至西晋

侈口，圆唇，唇外饰三周凹弦纹，其下模印一周兽形纹，弧壁，平底内凹。浅灰胎，施青釉，内外壁皆施满釉。

2022LGITG21⑨：42

青釉碗

口径 15.0～15.8、底径 7.2、高 5.0～5.7 厘米
越窑系
西晋

直口微敛，尖圆唇，唇外饰一周凹弦纹，其下
模印一周网格纹，弧壁，平底内凹。浅黄胎，施青釉，
内壁半釉，外壁施釉不及底。

2020LGH42：3

青釉碗

口径 15.4～16.6、底径 8.6、高 5.1～5.8 厘米
越窑系
西晋

直口，尖圆唇，唇外饰两周凹弦纹，其下模印
一周网格纹，弧壁，平底内凹，内外底皆见支钉痕。
灰黄胎，施青釉，内壁满釉，外壁施釉不及底。

2021LGIT2716②：2

青釉碗

口径 16.0、底径 8.6、高 5.6 厘米
越窑系
西晋

侈口，圆唇，直壁，壁上模印细网格纹，折腹，平底内凹。浅灰胎，施青釉，内壁满釉，外壁施釉不及底。

2021LGIT2716②：3

青釉碗

口径 18.8、底径 10.4、高 7.4 厘米
越窑系
西晋

敛口，尖圆唇，唇外饰一周凹弦纹，其下模印
细网格纹，弧腹，平底内凹。浅灰胎，施青釉，内
壁满釉，外壁施釉不及底。

2020LGIT1323①：12

青釉碗

口径 15.6、底径 9.2、高 5.9 厘米
越窑系
西晋

敞口微侈，尖圆唇，唇外饰一周凹弦纹，其下模印一周细方格纹，弧壁，平底内凹，内外底皆见砂粒状支钉痕。灰黄胎，施青釉，内壁满釉，外壁施釉不及底。

2020LGH62：4

青釉碗

口径 14.0、底径 7.2、高 4.8 厘米
越窑系
西晋

敛口，尖圆唇，唇外饰一周凹弦纹，弧壁，平底内凹，内外底皆见砂粒状支钉痕。灰黄胎，施青釉，内壁满釉，外壁施釉不及底。

2020LGI采集：18

青釉碗

口径 15.6、底径 6.8、高 5.2～6.2 厘米
越窑系
西晋

直口，圆唇，唇外饰两周凹弦纹，其下模印一周网格纹，弧壁，平底内凹，内底见一周支钉痕。浅灰胎，施青釉，内壁满釉，外壁施釉不及底。

2020LGH67：1

青釉碗

口径 15.2、底径 7.5、高 5.5 厘米
越窑系
西晋

直口微敛，圆唇，弧腹，腹中饰两周凹弦纹，平底略内凹。浅灰胎，施青釉，内壁满釉，外壁施釉不及底。

2020LGG14：5

青釉碗

口径 16.4、底径 8.3、高 5.0 厘米
越窑系
西晋

侈口，圆唇，唇外饰一周凹弦纹，弧壁，平底
内凹，内底见一周砂粒状支钉痕。浅灰胎，施青釉，
内壁满釉，外壁施釉不及底。

2020LGIT2017①：2

青釉碗

口径 16.9、底径 9.0、高 5.6 厘米
越窑系
西晋

敞口，尖圆唇，唇外饰两周凹弦纹，其下模印细网格纹，弧壁，平底内凹。灰黄胎，施青釉，内壁满釉，外壁半釉。

2020LGIT0621④：7

青釉碗

口径 19.0、底径 10.6、高 7.3 厘米
越窑系
西晋

敛口，尖圆唇，唇外饰一周凹弦纹，弧壁，平底内凹，内外底皆见块状支钉痕。浅灰胎，施青釉，内壁满釉，外壁施釉不及底。

2020LGG5③：26

青釉碗

口径 17.8、底径 10.1、高 5.6 厘米
越窑系
西晋

直口微敛，圆唇，唇外饰两周凹弦纹，弧壁，平底内凹，内底见块状支钉痕。浅黄胎，施青釉，内壁满釉，外壁半釉。

2023LGG5②：30

青釉碗

口径 16.4、底径 8.8、高 5.8 厘米
越窑系
西晋

直口，圆唇，唇外饰两周凹弦纹，其下模印细方格纹，弧壁，平底。浅黄胎，施青釉，内壁满釉，外壁施釉不及底。

2020LGG14：4

青釉碗

口径 18.9、底径 8.9、高 6.2 厘米
越窑系
西晋

敛口，圆唇，唇外饰一周凹弦纹，其下模印一周细方格纹，弧壁，平底内凹。灰黄胎，施青釉，内外壁皆满釉。

2021LGIT2317②：1

青釉碗

口径 16.6、底径 7.9、高 5.8 厘米
越窑
西晋至东晋

敛口，尖圆唇，唇外饰一周凹弦纹，弧壁，平底内凹。浅灰胎，施青釉，内壁满釉，外壁施釉不及底。

2023LGITG36③：3

青釉碗

口径 17.5、底径 10.5、高 6.2 厘米
越窑系
东晋

敞口，尖圆唇，唇外饰一周凹弦纹，弧壁，平底，内外底皆见三个支钉痕。灰褐胎，施青釉，内壁满釉，外壁施釉不及底。

2020LGG14：10

青釉碗

口径 15.5～16.2、底径 7.8、高 5.9 厘米
越窑系
东晋

直口微敛，圆唇，唇外饰一周凹弦纹，弧壁，平底略内凹，外底见垫具痕。灰褐胎，施青釉，内壁满釉，外壁施釉不及底。

2020LGG8：35

青釉碗

口径 15.9、底径 7.7、高 6.2 厘米
越窑系
东晋

直口微敛，圆唇，唇外饰一周凹弦纹，弧壁，平底内凹，外底见垫具痕。灰黄胎，施青釉，内壁满釉，外壁施釉不及底。

2020LGIT1326②：16

青釉碗

口径 15.8、底径 7.4、高 5.8 厘米
越窑系
东晋

　　直口，圆唇，唇外饰一周凹弦纹，弧壁，平底
内凹，内外底皆见砂粒状支钉痕。灰黄胎，施青釉，
内壁满釉，外壁施釉不及底。

2022LGG24：3

青釉碗

口径 15.1、底径 8.1、高 5.2 厘米
越窑系
东晋

敞口，圆唇，唇内外皆饰一周凹弦纹，弧壁，平底内凹，内底见三个支钉痕。浅灰胎，施青釉，内壁满釉，外壁半釉。

2020LGIT1226②：10

青釉碗

口径 15.6、底径 8.3、高 5.4 厘米
越窑
东晋

侈口，圆唇，唇外饰一周凹弦纹，弧壁，平底，
内底见砂粒状支钉痕。浅灰胎，施青釉，内壁满釉，
外壁施釉不及底。

2020LGG5①：2

青釉碗

口径 15.8、底径 9.0、高 6.0 厘米
越窑系
东晋

圆唇，唇外侧饰一周凹弦纹，直壁，壁上模印网格纹，折腹，平底内凹，内底饰一周凹弦纹。浅黄胎，施青釉，内壁满釉，外壁施釉不及底，釉色盈润。

2022LG I TG21⑥：1

青釉碗

口径 12.2 ～ 13.0、底径 7.5、高 5.6 厘米　　　　　敞口，圆唇，唇外饰一周凹弦纹，弧壁，平底内凹。
越窑系　　　　　　　　　　　　　　　　　　　灰褐胎，施青釉，内壁满釉，外壁施釉不及底。
东晋至南朝

2020LGH55：1

青釉碗

口径 13.8、底径 10.6、高 5.2 厘米
洪州窑
东晋

直口，圆唇，唇外饰一周凹弦纹，弧直壁，平底。
灰黄胎，施青釉，内壁满釉，外壁施釉不及底。

2020LGG17：7

青釉碗

口径 15.7、底径 11.5、高 6.0 厘米
洪州窑
东晋

直口，圆唇，唇外饰一周凹弦纹，弧直壁，平底。
灰黄胎，施青釉，内壁满釉，外壁施釉不及底。

2022LGG25③：9

青釉碗

口径 15.8、底径 13.8、高 5.1 厘米
洪州窑
东晋

直口，圆唇，唇外饰一周凹弦纹，弧直壁，平底。
灰黄胎，施青釉，内壁满釉，外壁施釉不及底。

2022LGG17：8

青釉碗

口径 13.5、底径 11.5、高 5.4 厘米
洪州窑
东晋

直口，圆唇，唇外饰一周凹弦纹，弧直壁，平底。
灰黄胎，施青釉，内壁满釉，外壁施釉不及底。

2023LG1TG37南扩①：97

青釉碗

口径 18.2、底径 10.5、高 5.9 厘米
洪州窑
东晋

敞口，圆唇，唇外饰两周凹弦纹，弧壁，平底。
浅黄胎，施青釉，内壁满釉，外壁施釉不及底。

2022LGH62：20

青釉碗

口径 14.0、底径 9.4、高 5.6 厘米
洪州窑
东晋

直口，圆唇，唇外饰一周凹弦纹，弧直壁，平底。
灰黄胎，施青釉，内壁满釉，外壁施釉不及底。

2022LGG17：35

青釉碗

口径 14.0、底径 12.0、高 5.4 厘米
洪州窑
东晋

直口，圆唇，唇外饰一周凹弦纹，弧直壁，平底。
浅黄胎，施青釉，内壁满釉，外壁施釉不及底。

2020LGH64：9

青釉碗

口径 13.0、底径 6.8、高 3.6 厘米
洪州窑
东晋

敞口，尖圆唇，唇外饰一周凹弦纹，弧壁，平底内凹，内外底皆见三个支钉痕。灰黄胎，施青釉，内壁满釉，外壁施釉不及底。

2020LGIT1024①：1

青釉碗

口径 13.8、底径 5.7、高 7.2 厘米
洪州窑
南朝

敞口，尖圆唇，唇外饰一周凹弦纹，弧壁，饼足。灰黄胎，施青釉，内壁半釉，外壁施釉不及底，有滴釉痕。

2022LGITG29④：39

青釉碗

口径 15.0、底径 6.8、高 7.5 厘米
洪州窑
南朝

敞口，尖圆唇，弧壁，饼足，内外底皆见支钉痕。
浅黄胎，施青釉，内外壁满釉。

2023LG T G33③：45

青釉碗

口径 13.8、底径 5.6、高 5.6 厘米
洪州窑
南朝

敞口，圆唇，弧壁，饼足，内底见三个支钉痕。
浅灰胎，施青釉，内壁施满釉，外壁施釉不及底。

2023LGG53：50

青釉碗

口径 14.9、底径 6.1、高 7.4 厘米
洪州窑
南朝

敞口，尖圆唇，唇外饰一周凹弦纹，弧壁，饼足，内底刮釉。浅灰胎，施青釉，内壁半釉，外壁施釉不及底，有积釉痕。

2020LGITG6②：36

青釉碗

口径 13.5、底径 5.8、高 6.6 厘米
洪州窑
南朝

直口微敛，圆唇，唇外饰两周凹弦纹，弧腹，腹部刻剔复瓣莲花纹，饼足，内底见三个支钉痕。灰黄胎，施青釉，内外壁皆满釉。

2020LG ITG3③：43

青釉碗

口径 14.2、底径 5.5、高 6.8 厘米
洪州窑
南朝

敞口，尖圆唇，唇外饰一周凹弦纹，其下刻剔复瓣莲花纹，饼足，内外底皆见三个支钉痕。浅黄胎，施青釉，内外壁皆施满釉。

2022LGITG24-7⑥：41

青釉碗

口径 18.6、底径 7.6、高 9.9 厘米
洪州窑
南朝

敞口，圆唇，唇外饰两周凹弦纹，其下刻剔复
瓣莲花纹，饼足，内底刮釉，内外底皆见支钉痕。
浅灰胎，施青釉，内外壁皆施满釉。

2022LGⅠTG21⑩：25

青釉碗

口径 14.0、底径 8.3、高 7.8 厘米
洪州窑
南朝

直口微敛，圆唇，唇外饰一周凹弦纹，其下刻
剔复瓣莲花纹，弧壁，饼足。灰黄胎，施青釉，内
外壁皆施满釉。

2020LGITG3④：39

青釉碗

口径 14.2、底径 5.6、高 7.2 厘米
洪州窑
南朝

敞口，圆唇，弧壁，饼足。内底见三个支钉痕。
浅灰胎，施青釉，内壁满釉，外壁施釉不及底。

2022LGⅠTG29④：52

青釉碗

口径 14.1、底径 5.7、高 6.1～6.7 厘米
洪州窑
南朝

敞口，圆唇，弧壁，饼足。灰黄胎，施青釉，内壁满釉，外壁施釉不及底。

2023LGG62②：17

青釉碗

口径 12.6、底径 5.8、高 5.9 厘米
洪州窑
南朝

直口微敛，圆唇，弧壁，饼足，内底见三个支钉痕。
浅灰胎，施青釉，内外壁皆满釉。

2021LGITG9④：40

青釉碗

口径 19.0、底径 7.9、高 8.8 厘米
洪州窑
南朝

敞口，圆唇，唇外饰一周凹弦纹，其下刻剔复瓣莲花纹，弧壁，饼足，内底刮釉。灰黄胎，施青釉，内壁施釉不及底，外壁满釉。

2020LGH42：15

青釉碗

口径 14.0、底径 5.9、高 6.3 厘米
洪州窑
南朝

敞口，圆唇，唇外饰一周凹弦纹，弧壁，饼足，内底刮釉。浅黄胎，施青釉，内壁满釉，外壁施釉不及底。

2022LGITG24-4⑦：4

青釉碗

口径 15.2、底径 6.8、高 6.4 厘米
洪州窑
南朝

敞口，圆唇，弧壁，饼足，内底见支钉痕。浅黄胎，施青釉，外壁满釉，内壁施釉不及底。

青釉碗

口径 14.1、底径 5.6、高 7.4 厘米
洪州窑
南朝

敞口，圆唇，弧壁，饼足，内底见支钉痕。浅黄胎，施青釉，内外壁皆施釉不及底。

2023LGITG34②：38

青釉碗

口径 12.8、底径 6.7、高 6.6 厘米
洪州窑
南朝

直口微敛，圆唇，弧壁，饼足，内底刮釉，见支钉痕。浅黄胎，施青釉，内壁满釉，外壁施釉不及底。

2023LGI TG33③：42

青釉碗

口径 15.8、底径 6.0、高 7.4 厘米

洪州窑

南朝

敞口，圆唇，弧壁，饼足，内底刮釉，见支钉痕。
灰黄胎，施青釉，内外壁皆施釉不及底。

2023LGITG32②：1

青釉碗

口径 14.0、底径 4.4、高 7.5 厘米
南朝

直口，方唇，弧壁，饼足。浅灰胎，施青釉，
内壁施满釉，外壁施釉不及底，有积釉痕。

2022LGITG29④：18

青釉盏

口径9.6、底径6.6、高4.8厘米
德清窑
东晋

直口微敛，圆唇，唇外饰一周凹弦纹，弧壁，平底略内凹。内外底皆有砂状支钉痕。灰褐胎，施青釉，内底满釉，外壁半釉。

2020LGG8：1

青釉盏

口径 10.5、底径 6.0、高 3.7 厘米
德清窑
东晋

敛口，圆唇，唇外饰一周凹弦纹，弧壁，平底内凹，内外底皆见砂砾状支钉痕。浅灰胎，施青釉，内壁满釉，外壁施釉不及底。

2021LGITG9④：21

青釉盏

口径 8.5、底径 5.7、高 4.0 厘米
德清窑
东晋

直口微敛，尖圆唇，唇外饰一周凹弦纹，弧壁，平底内凹。灰褐胎，施青釉，内壁满釉，外壁施釉不及底。

2020LGITG6②：15

青釉盏

口径 9.0、底径 5.0、高 3.7 厘米
德清窑
东晋至南朝

直口微敛，尖圆唇，弧壁，平底内凹。浅灰胎，施青釉，内壁满釉，外壁施釉不及底。

2020LGIT1226②：65

青釉盏

口径 10.1、底径 5.5、高 3.8 厘米

德清窑

东晋至南朝

敛口，圆唇，唇外饰一周凹弦纹，弧壁，平底内凹。
浅灰胎，施青釉，内壁满釉，外壁施釉不及底。

2022LGITG28⑥：15

青釉盏

口径 8.5、底径 5.4、高 3.8 厘米
德清窑
东晋至南朝

直口微敛，尖圆唇，弧壁，平底内凹。灰褐胎，
施青釉，内壁施满釉，外壁施釉不及底。

2020LGH43：1

青釉盏

口径 9.9、底径 5.5、高 4.0 厘米
德清窑
东晋至南朝

敛口，圆唇，唇外饰一周凹弦纹，弧壁，平底内凹，内外底皆见三个砂粒状支钉痕。灰褐胎，施青釉，内壁满釉，外壁施釉不及底。

2022LGITG21⑨：65

青釉盏

口径 8.3、底径 4.9、高 4.3 厘米
德清窑
南朝

敛口，尖圆唇，唇外饰一周凹弦纹，弧壁，平底。
灰褐胎，施青釉，内外壁皆满釉。

2020LGCQ1⑭:12

青釉盏

口径 8.0、底径 5.5、高 3.0 厘米
岳州窑
东晋

直口微敛，圆唇，唇外饰一周凹弦纹，弧壁，平底内凹。灰黄胎，施青釉，内壁满釉，外壁施釉不及底。

2020LG1TG7④：30

青釉盏

口径 8.4、底径 3.5、高 3.7 厘米
岳州窑
南朝

直口微敛，尖圆唇，弧壁，饼足。外底见三个
支钉痕。灰黄胎，施青釉，内壁满釉，外壁施釉不及底，
有积釉痕。

2020LGG5③：10

青釉盏

口径 10.2、底径 4.5、高 2.9 厘米
越窑
东吴至西晋

直口微敛，尖圆唇，弧壁，平底内凹。浅灰胎，施青釉，内壁满釉，外壁施釉不及底，釉色盈润。

2020LGG5③：17

青釉盏

口径 11.8、底径 7.0、高 3.5 厘米
越窑
东吴至西晋

敛口，圆唇，弧壁，平底内凹，内外底皆见三
个支钉痕。青灰胎，施青釉，内壁满釉，外壁施釉
不及底。

2020LGG5②：13

青釉盏

口径 12.1、底径 5.9、高 3.4 厘米
越窑
东吴至西晋

直口微敛，圆唇，唇外饰一周凹弦纹，弧壁，
平底内凹，内底见三个支钉痕。青灰胎，施青釉，
内外壁皆满釉。

2020LGG5③：6

青釉盏

口径 12.0、底径 6.4、高 3.2 厘米
越窑
东吴至西晋

直口微敛，圆唇，弧壁，平底内凹，内底见三个支钉痕。灰黄胎，施青釉，内壁满釉，外壁施釉不及底。

2020LGIT1326②：12

青釉盏

口径 9.2、底径 4.0、高 3.1 厘米　　　　　　直口微敛，尖圆唇，折腹，平底内凹。浅灰胎，
越窑系　　　　　　　　　　　　　　　　　　施青釉，内壁满釉，外壁施釉不及底。
东晋

2020LGIT1326② : 14

青釉盏

口径 7.2、底径 3.7、高 2.6 厘米
越窑系
东晋

直口微敛，圆唇，折腹，平底内凹。灰黄胎，
施青釉，内壁满釉，外壁施釉不及底。

2020LGⅠT1326①：4

青釉盏

口径 12.0、底径 5.6、高 3.8 厘米
越窑系
东晋

直口微敛，尖圆唇，唇外饰一周凹弦纹，弧壁，平底内凹。浅灰胎，施青釉，内壁满釉，外壁施釉不及底。

2020LGIT1326②：6

青釉盏

口径 6.4、底径 3.8、高 2.2 厘米
越窑系
东晋

直口，圆唇，折壁，平底内凹。灰褐胎，施青釉，内壁满釉，外壁施釉不及底。

2022LGITG21⑨：54

青釉盏

口径 10.7、底径 5.6、高 4.0 厘米
越窑
东晋

直口，圆唇，弧壁，平底内凹，内外底皆见三个支钉痕。灰褐胎，施青釉，内壁满釉，外壁施釉不及底。

2020LGITG7扩⑥：44

青釉盏

口径 10.0、底径 4.8、高 3.2 厘米
越窑系
东晋

敞口，圆唇，直壁，折腹，平底内凹，内外底
皆见四个块状支钉痕。青灰胎，施青釉，内壁满釉，
外壁半釉。

2022LGITG25⑫：1

青釉盏

口径 10.4、底径 5.3、高 6.1 厘米
越窑系
南朝

微侈口，尖圆唇，唇外饰两道凹弦纹，弧腹，腹部刻剔多重连瓣纹，饼足。青灰胎，饰青釉，内外壁皆满釉。

2022LGITG25⑮：8

青釉盏

口径 9.4、底径 5.4、高 4.3 厘米
洪州窑
东晋

直口，圆唇，唇部饰一周褐色点彩，唇外有一周凹弦纹，弧壁，饼足。浅黄胎，施青釉，内壁满釉，外壁施釉不及底。

2021LGITG16①：4

青釉盏

口径 10.2、底径 4.2、高 4.6 厘米
洪州窑
南朝

直口微敛，圆唇，弧壁，饼足，内外底皆见三
个支钉痕。浅灰胎，施青釉，内壁满釉，外壁施釉
不及底。

2023LGITG35④：3

青釉盏

口径 9.0、底径 3.8、高 4.2 厘米
洪州窑
南朝

敞口，尖圆唇，弧壁，饼足，内外底皆见三个支钉痕。浅黄胎，施青釉，内壁满釉，外壁施釉不及底。

2022LGITG29⑦：34

青釉盏

口径 11.0、底径 4.8、高 5.0 厘米
洪州窑
南朝

敞口，尖圆唇，弧壁，饼足，内外底皆见三个支钉痕。灰黄胎，施青釉，内壁满釉，外壁施釉不及底。

2020LGITG7扩④：2

青釉盏

口径 7.6、底径 3.5、高 3.7 厘米　　　　　　　　　直口微敛，尖圆唇，弧壁，饼足，外底见三支钉痕。
洪州窑　　　　　　　　　　　　　　　　　　　　浅黄胎，施青釉，内壁满釉，外壁施釉不及底。
南朝

2021LGIT2116②：3

青釉盏

口径 9.2、底径 4.0、高 4.6 厘米
洪州窑
南朝

直口微敞，圆唇，唇外饰一周凹弦纹，弧壁，饼足。
内外底见三处支钉痕。浅黄胎，施青釉，内壁满釉，
外壁施釉不及底。

2020LGITG3②：19

青釉盏

口径 9.4、底径 3.5、高 4.4 厘米

洪州窑

南朝

直口微敞，尖圆唇，弧壁，饼足。浅灰胎，施青釉。

内壁满釉，外壁施釉不及底，有流釉痕。

青釉盏

口径 9.0、底径 3.8、高 4.0 厘米　　　　　　　　　直口微敞，圆唇，弧壁，饼足。浅灰胎，施青釉，
南朝　　　　　　　　　　　　　　　　　　　　　内壁满釉，外壁施釉不及底。

青釉盏

口径 8.6、底径 5.3、高 4.6 厘米　　　　　　　　直口微敛，方唇，弧壁，平底，外底可见三个
南朝　　　　　　　　　　　　　　　　　　　　支钉痕。浅灰胎，施青釉，器身满釉。

2023LGG60①：23

青釉盏

口径 8.4、底径 3.6、高 4.2 厘米
南朝

直口微侈，尖圆唇，弧壁，饼足。浅黄胎，施青釉，内壁满釉，外壁施釉不及底。

2020LGIT1125①：10

酱釉盏

口径 8.7、底径 4.7、高 2.9 厘米
德清窑
东晋

直口微侈，尖圆唇，唇外饰一周凹弦纹，弧壁，平底内凹，内底见支钉痕。灰褐胎，施酱釉，内壁满釉，外壁施釉不及底。

2022LGITG21④：55

酱釉盏

口径 9.2、底径 5.0、高 3.6 厘米
德清窑
东晋至南朝

直口微侈，尖圆唇，唇外饰一周凹弦纹，弧壁，平底，内外底皆见支钉痕。灰褐胎，施酱釉，内壁满釉，外壁施釉不及底。

酱釉盏

口径 8.7、底径 4.8、高 3.8 厘米　　　　　　　　直口微敞，尖圆唇，弧壁，平底内凹。灰褐胎，
德清窑　　　　　　　　　　　　　　　　　施酱釉，内壁满釉，外壁施釉不及底。
东晋至南朝

2020LGITG7扩⑦：21

酱釉盏

口径 7.1、底径 4.0～4.5、高 2.7 厘米
德清窑
东晋至南朝

敛口，圆唇，唇下饰一周凹弦纹，弧壁，平底。外底见支钉痕。灰黄胎，施酱釉，内壁满釉，外壁施釉不及底。

2020LGIT0423②：14

酱釉盏

口径 8.6、底径 4.8、高 3.6 厘米
德清窑
东晋至南朝

直口微敛，圆唇，弧壁，平底内凹。浅灰胎，施酱釉，内壁满釉，外壁施釉不及底。

2023LGG60①：16

酱釉盏

口径 8.5、底径 4.5、高 3.5 厘米
德清窑
南朝

直口微敛，尖圆唇，弧腹，平底。外底见砂砾状支钉痕。紫褐胎，施酱釉，内壁满釉，外壁施釉不及底。

2023LGⅠTG33③：43

酱釉盏

口径 8.7、底径 4.5、高 3.6 厘米
德清窑
南朝

直口微敛，尖圆唇，弧壁，平底内凹。紫褐胎，施酱釉，内壁满釉，外壁施釉不及底。

2021LGITG12②：16

青釉盘

口径 23.0、底径 7.3、高 3.9 厘米
岳州窑
南朝

敞口，圆唇，浅盘，弧壁，小平底。盘口内侧饰两周凹弦纹，内底刻剔莲花纹。灰黄胎，施青釉，内壁满釉，外壁半釉，有滴釉痕。

2020LGITG7扩④：6

青釉盘

口残径 19.5、残高 8.0 厘米
岳州窑
南朝

口残，弧壁，盘心内底近平，盘内饰两组凹弦纹，盘心戳印三朵宝相纹，两组凹弦纹间均匀戳印五朵变形宝相纹和五朵枝叶纹，喇叭状圈足。灰黄胎，施青釉，内壁满釉，外壁施釉不及底。

青釉盘

口径 15.9、底径 13.8、高 1.9 厘米
洪州窑
东晋

侈口，圆唇，浅盘，平底。盘内有一圈凹弦纹。
灰黄胎，施青釉，内壁满釉，外壁半釉，有流
釉痕。

2020LGL2②：23

青釉盘

口径 13.9、底径 6.8、高 2.8 厘米
洪州窑
南朝

敞口，圆唇，浅盘，弧壁，小平底。盘内中部有三组圈纹，外围可见四支钉痕，灰白胎，施青釉，内壁满釉，外壁半釉，有积釉痕。

2023LGITG33③：36

青釉盘

口径 12.9、底径 5.9、高 2.6 厘米
洪州窑
南朝

敞口，圆唇，浅盘，弧壁，小平底。黄褐胎，施青釉，内壁满釉，外壁半釉。

2020LG I TG7扩④：4

青釉盘

口径 20.4、底径 10.8、高 3.6 厘米
洪州窑
南朝

敞口，圆唇，浅盘，弧壁，小平底。盘口内侧饰三组凹弦纹，底部三组凹弦纹内刻剔莲花纹。灰白胎，施青釉，内壁满釉，外壁半釉。

2023LGG51：56

青釉盘

口径 13.9、底径 6.9、高 2.6 厘米
洪州窑
南朝

敞口，圆唇，浅盘，弧壁，小平底。盘底饰一组圆圈纹。浅黄胎，施青釉，内壁满釉，外壁半釉，有积釉痕。

2022LGITG24-5①：1

青釉盘

口径 13.1、底径 5.5、高 2.4 厘米
洪州窑
南朝

敞口，圆唇，浅盘，弧壁，小平底。灰胎，施青釉，内壁满釉，外壁半釉，有流釉痕。

2022LGITG28③：26

青釉盘

口径 13.2、底径 5.2、高 2.6 厘米
洪州窑
南朝

敞口，圆唇，浅盘，弧壁，小平底。灰黄胎，施青釉，内壁满釉，外壁半釉，有流釉痕。

2023LGITG33③：41

青釉盘

口径 12.9、底径 5.5、高 2.1 厘米
洪州窑
南朝

敞口，圆唇，浅盘，弧壁，小平底。盘内有三支钉痕。灰黄胎，施青釉，内壁满釉，外壁半釉，有流釉痕。

2022LGITG21③：8

青釉盘

口径 15.0、底径 5.6、高 2.6 厘米
洪州窑
南朝

敞口，圆唇，浅盘，弧壁，小平底。盘底饰四组圆圈纹，盘内及器底皆有四支钉痕。灰黄胎，施青釉，内壁满釉，外壁半釉，有积釉痕。

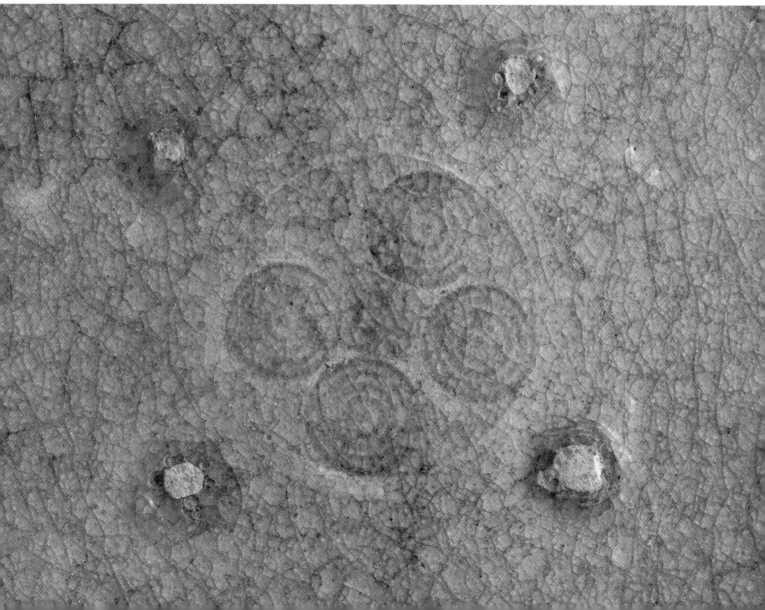

2023LGG40：3

青釉盘

口径 14.4、底径 5.6、残高 2.8 厘米
洪州窑
南朝

敞口，圆唇，浅盘，弧壁，小平底。盘底饰三组圆圈纹，盘内及器底皆有四支钉痕。灰黄胎，施青釉，内壁满釉，外壁半釉，有积釉痕。

2023LGG60②：13

青釉盘

口径 13.8、底径 6.0、高 2.4 厘米
洪州窑
南朝

敞口，圆唇，浅盘，弧壁，小平底。灰黄胎，
施青釉，内壁满釉，外壁半釉，有积釉痕。

2021LGITG14②：16

青釉杯

口径 8.5、底径 3.2、高 5.5 厘米
岳州窑
南朝

直口微敛，方唇，弧壁，饼足。灰黄胎，施青釉，内壁满釉，外壁施釉不及底，有积釉痕。

2022LGITG21③：101

青釉杯

口径 7.1、底径 2.7、高 5.3 厘米　　　　　　　　直口，尖圆唇，弧壁，饼足。灰黄胎，施青釉，
岳州窑　　　　　　　　　　　　　　　　　　　内壁满釉，外壁施釉不及底，有积釉痕。
南朝

2020LGIT0621②：8

青釉杯

口径 8.2、底径 3.5、高 4.5 厘米

岳州窑

南朝

敛口，圆唇，弧壁，饼足。灰黄胎，施青釉，内外壁皆满釉。

2023LGITG33③：17

青釉杯

口径 7.6、底径 2.7、高 5.0 厘米
岳州窑
南朝

直口，圆唇，唇外饰一周凹弦纹，弧壁，饼足。
灰黄胎，施青釉，内壁满釉，外壁施釉不及底。

2023LGITG32②：2

青釉杯

口径 8.8、底径 3.2、高 6.2 厘米

岳州窑

南朝

直口微敛，方唇，弧壁，饼足。灰黄胎，施青釉，内壁满釉，外壁施釉不及底。

2023LGITG37西扩方④：16

青釉高足杯

底径 6.7、残高 8.5 厘米
岳州窑
南朝至隋代。

口残，弧壁，腹较深，喇叭状高足。青灰胎，施青釉，内壁满釉，外壁施釉不及底。

2021LGITG9④：7

青釉钵

口径 16.4 ～ 19.5、底径 10.5 ～ 11.0、高 6.8 厘米
德清窑
东晋

器身略变形，敛口，圆唇，唇外饰一周凹弦纹，弧壁，平底内凹，内外底皆见砂粒状支钉痕。灰褐胎，器身饰化妆土，施青釉，内外壁皆施满釉。

青釉钵

口径 17.6、底径 11.0、高 7.0 厘米
德清窑
东晋

敛口，圆唇，唇外饰一周凹弦纹，弧壁，平底
内凹，内底见砂粒状支钉痕。灰褐胎，器身饰化妆土，
施青釉，内壁满釉，外壁半釉，有流釉痕。

2020LGL2①：16

青釉钵

口径 16.7、底径 10.2、高 8.2 厘米
德清窑
东晋

器身略微变形，敛口，圆唇，唇外饰一周凹弦纹，弧壁，平底内凹，内外底皆见砂粒状支钉痕。灰褐胎，器身饰化妆土，施青釉，内壁满釉，外壁半釉。

2020LGH58：1

青釉钵

口径 12.3 ～ 12.9、底径 7.2、高 5.4 厘米
德清窑
东晋

敛口，圆唇，唇外饰一周凹弦纹，弧壁，平底内凹，
内底见砂粒状支钉痕。灰黄胎，施青釉，内壁满釉，
外壁施釉不及底。

2022LGITG22③：11

青釉钵

口径 17.4、底径 9.0、高 6.1 厘米
德清窑
东晋

敛口，圆唇，唇外饰一周凹弦纹，弧壁，平底内凹，内底见砂粒状支钉痕，外底见垫具痕。灰褐胎，器身饰化妆土，施青釉，内壁满釉，外壁半釉，有流釉痕。

2023LGG53：55

青釉钵

口径 16.5、底径 8.8、高 5.8 厘米
德清窑
东晋

敛口，圆唇，唇外饰一周凹弦纹，弧壁，平底内凹，内外底皆见砂粒状支钉痕。灰褐胎，器身饰化妆土，施青釉，内壁满釉，外壁半釉，有流釉痕。

2022LGⅠTG29④：1

青釉钵

口径 13.7、底径 9.5、高 6.7 厘米
德清窑
东晋

敛口，圆唇，唇外饰一周凹弦纹，弧壁，平底，内外底皆见砂粒状支钉痕。紫褐胎，施青釉，内外壁皆满釉。

2023LGIT2711③：10

青釉钵

口径 16.5、底径 10.0、高 6.6 厘米
德清窑
东晋

敛口，方唇，唇外饰一周凹弦纹，弧壁，平底略内凹，内外底皆见支钉痕。灰褐胎，器身饰化妆土，施青釉，内壁满釉，外壁半釉。

2020LGH43：2

青釉钵

口径 12.8、底径 7.5、高 4.5 厘米
德清窑
东晋

敛口，尖圆唇，唇部处饰一周褐色点彩，弧壁斜收，平底略内凹。内底见支钉痕。灰黄胎，器身饰化妆土，施青釉，内壁满釉，外壁施釉不及底，有流釉痕。

2020LGH42：7

青釉钵

口径 16.5、底径 8.5、高 6.1 厘米

德清窑

东晋

直口，圆唇，弧直壁，平底，内外底皆见砂粒状支钉痕。紫褐胎，施青釉，内壁满釉，外壁半釉。

2020LGITG6③：1

青釉钵

口径 16.7 ～ 17.2、底径 9.5、高 5.8 厘米
德清窑
东晋

敛口，圆唇，唇外饰一周凹弦纹，弧壁，平底，内外底皆见砂粒状支钉痕。灰褐胎，施青釉，内壁满釉，外壁施釉不及底。

2020LGⅠTG7扩④：38

青釉钵

口径 16.0、底径 9.1、高 6.5 厘米
德清窑
东晋至南朝

敛口，圆唇，弧壁，平底，内外底皆见砂粒状
支钉痕。灰褐胎，器身饰化妆土，施青釉，内壁满釉，
外壁施釉不及底。

2022LGIT G19⑧：2

青釉钵

口径 14.0、底径 8.9、高 5.2 厘米
岳州窑
东晋

敛口，圆唇，弧壁，腹中饰一周凹弦纹，饼足。
灰褐胎，施青釉，器身满釉。

2020LGH48：1

青釉钵

口径 14.6、底径 4.6、最大腹径 16.2、高 9.6 厘米
岳州窑
南朝

敛口，方唇，弧壁，小平底略内凹。灰黄胎，施青釉，内壁满釉，外壁半釉，有流釉痕。

2020LGIT1124①：8

青釉钵

口径 15.4、底径 8.0、高 6.3 厘米
越窑系
东晋

敛口，尖圆唇，唇外饰一周凹弦纹，弧壁，平
底略内凹，内外底皆见支钉痕。灰褐胎，施青釉，
内壁满釉，外壁半釉，有流釉痕。

2022LGITG25⑮：5

青釉钵

口径 18.0、底径 11.4、高 7.2 厘米
越窑系
东晋

敛口，圆唇，唇部饰一周褐色点彩，弧壁，平底略内凹，内底见支钉痕。青灰胎，施青釉，内壁满釉，外壁施釉不及底。

2022LGH150：3

青釉钵

口径 15.0～16.0、底径 8.5、高 5.5～6.0 厘米
越窑系
东晋

直口微敛，圆唇，唇外饰一周凹弦纹，弧壁，平底内凹，内底见砂粒状支钉痕。灰褐胎，施青釉，内壁满釉，外壁施釉不及底。

2020LGIT1326②：1

青釉钵

口径 16.8、底径 7.5、高 6.1 厘米
越窑系
东晋

敛口，圆唇，弧壁，平底内凹。内外底皆有块状支钉痕。灰褐胎，施青釉，内壁施满釉，外壁半釉。

2023LGITG36③：1

青釉钵

口径 15.8 ～ 16.8、底径 10.0 ～ 10.5、高 6.4 厘米
越窑系
东晋

器身略微变形，敛口，圆唇，唇外饰一周凹弦纹，弧壁，平底内凹，内底见砂粒状支钉痕。灰褐胎，施青釉，内壁满釉，外壁半釉。

2023LGG51：22

酱釉钵

口径 15.2、最大腹径 14.4、底径 11.0、高 6.6 厘米
德清窑
东晋

敛口，圆唇，弧腹，唇外侧饰一周凹弦纹，平底。内底见砂砾状支钉痕。灰褐胎，施酱釉，内壁施满釉，外壁施釉不及底。

2023LGG59：12

酱釉钵

口径 19.0、底径 7.6、高 7.2 厘米
德清窑
东晋

敛口，方唇，弧壁，下壁斜收，平底。内、外底可见支钉痕。紫褐胎，施酱釉，内壁施满釉，外壁施釉不及底。

2020LGL3：7

酱釉钵

口径 14.0、底径 8.2、高 6.2 厘米
德清窑
东晋

敛口，方唇，唇外饰一周凹弦纹，弧壁，平底略内凹，内外底皆见支钉痕。紫褐胎，施酱釉，内壁满釉，外壁半釉，有流釉痕。

酱釉钵

口径 17.0、底径 9.3、高 6.4 厘米
德清窑
东晋

直口微敛，圆唇，唇外饰一周凹弦纹，弧壁，平底略内凹，内底见支钉痕。灰褐胎，施酱釉，内壁满釉，外壁半釉，有流釉痕。

2023LGG62②：2

酱釉钵

口径 13.0、底径 5.8、高 5.5 厘米
德清窑
东晋

敛口，尖圆唇，弧壁，平底略内凹，内外底皆见支钉痕。紫褐胎，施酱釉，内壁满釉，外壁半釉，有流釉痕。

2020LGITG6②：81

酱釉钵

口径 18.0、底径 8.0、高 9.3 厘米
德清窑
东晋至南朝

　　敛口，方唇，弧腹，腹中部饰两道凹弦纹，平底内凹，内外底见砂砾状支钉痕。紫褐胎，施酱釉，内壁施满釉，外壁施釉不及底。

2020LG I TG3④：30

酱釉钵

口径 17.6、最大腹径 16.7、底径 7.5 厘米

德清窑

东晋至南朝

敛口，方唇，唇外侧饰一周凹弦纹，弧壁，饼足。内外底见砂砾状支钉痕。紫褐胎，施酱釉，内壁满釉，外壁施釉不及底。

2023LGG60②：2

酱釉钵

口径 18.0、底径 8.4、高 7.3 厘米
德清窑
南朝

敛口，方唇，弧壁，平底略内凹，内外底皆见支钉痕。紫褐胎，施酱釉，内壁满釉，外壁半釉，有流釉痕。

2023LGG60③：14

酱釉钵

口径 18.0、最大腹径 18.2、底径 9.4、高 7.8 厘米
德清窑

敛口，方唇，唇外侧饰三道凹弦纹，弧壁，平底略内凹。内外底见砂砾状支钉痕。紫褐胎，施酱釉，内壁满釉，外壁施釉不及底。

2020LG I T1024①：3

青釉罐

口径 15.5～16.2、最大腹径 20.5、底径 12.8、高 14.2 厘米
德清窑
东晋至南朝

微侈口，圆唇，弧肩，上饰两道凹弦纹，对称附贴两对竖耳和一对贯耳，弧腹，平底内凹，见垫具痕。紫褐胎，施青釉，内壁满釉，外壁施釉不及底。

2023LGG40：2

青釉罐

口径 11.0、最大腹径 16.3、底径 8.6、高 13.3 厘米
德清窑
东晋至南朝

微侈口，尖圆唇，弧肩，附贴四半环形耳，弧腹内收，平底略内凹。紫褐胎，施青釉，外壁满釉。

2023LGG46：1

青釉罐

口径 26.4、最大腹径 27.5、底径 14.6、高 22.8 厘米
德清窑
东晋至南朝

侈口，卷沿内凹，短束颈，鼓肩，肩腹部饰三
道凹弦纹，弧腹斜收，平底，底部见砂状支钉痕。
灰褐胎，施青釉，内壁满釉，外壁施釉不及底。

2020LGITG3④：99

青釉罐

最大腹径 22.0、底径 11.6、残高 30.0 厘米
德清窑
东晋至南朝

口残，溜肩，肩部对称附贴两竖耳，鼓腹，平底略内凹，底部有砂状支钉痕。紫褐胎，施青釉，外壁满釉。

2022LG I TG29④：84

青釉罐

口径 7.0、最大腹径 15.0、底径 7.4、高 15.4 厘米

德清窑

东晋至南朝

直口，圆唇，弧肩，肩部附贴两对称竖耳，鼓腹，平底内凹。灰褐胎，施青釉，外壁施釉不及底。

2022LGITG25⑤：6

青釉罐

口径 21.8、最大腹径 30.8、底径 14.6、高 31.5 厘米
德清窑
南朝

侈口，短沿，圆唇，溜肩，肩部附贴两对称桥形耳，弧鼓腹，平底内凹，底部有支钉痕。灰褐胎，施青釉，外壁满釉。

2021LG I T2417②：1

青釉罐

口径 2.8、最大腹径 5.4、底径 2.8、高 3.6 厘米
德清窑
南朝

直口，尖唇，鼓肩，弧腹内收，小平底。底部
有四处支钉痕。紫褐胎，施青釉，外壁半釉，有流
釉痕。

青釉罐

口径 9.6、最大腹径 14.0、底径 8.4、高 13.8 厘米
德清窑
东晋

侈口，尖圆唇，高领，附贴四半环形贯耳，溜肩，鼓腹内收，平底略内凹。灰黄胎，腹上部饰化妆土，施青釉，外壁施釉不及底。

2020LGITG3②：37

青釉罐

口径 18.0、残高 15.7 厘米
岳州窑
南朝至隋代

敛口，圆唇，弧鼓腹，腹上部及中部饰凹弦纹两周，其间填充直棱纹与花卉纹组合纹饰，底残。灰黄胎，施青釉，内外壁皆半釉。

2023LGH210：3

青釉罐

底径 6.4、高 10.2 厘米
越窑系
东晋

侈口，圆唇，弧肩，肩部饰凹弦纹两道，鼓腹，平底略内凹。褐胎，施青釉，外壁施釉不及底。

2020LGH64：20
青釉罐

口径 13.2、最大腹径 17.2、底径 8.8、高 15.3 厘米
越窑系
东晋

微侈口，圆唇，弧肩，肩部有两道凹弦纹，附贴两半环形耳，鼓腹内收，平底内凹。灰黄胎，施青釉，外壁施釉不及底。

2020LGH62：1
青釉四系罐

口径 9.8、最大腹径 15.1、底径 9.9、高 16.0 厘米
岳州窑
东晋

敛口，圆唇，弧直腹，腹上部附贴四半环形耳，平底。灰褐胎，施青釉，外壁施釉不及底。

2020LGH62：2

青釉罐

口径 11.5、最大腹径 18.3、底径 13.2、高 17.3 厘米
东晋

敛口，方唇，弧鼓腹，腹上部对称附贴四半环
形贯耳，平底。灰褐胎，施青釉，外壁半釉，有蚀
釉痕。

2020LGG5③：1

青釉洗

口径 25.1、底径 13.1、高 9.4～10.0 厘米
越窑
东吴至西晋

侈口，宽沿，口沿内外饰弦纹两道，内填水波纹，弧腹，腹部饰有五道弦纹，附贴龙形铺首，平底内凹。灰胎，胎质细腻，施青釉，釉色均匀，内壁满釉，外壁釉不及底。

2022LGITG28⑬：22

青釉洗

口径 23.4、底径 13.6、高 6.3～6.8 厘米
越窑系
东晋

侈口，圆唇，窄沿略内凹，弧腹，上部饰弦
纹，平底。灰胎，施青釉，内壁满釉，外壁施釉不
及底。

2020LGIT0621②：12

青釉洗

口径 24.0、底径 13.2、高 6.1 厘米
洪州窑
东晋

侈口，圆唇，唇部饰一周褐色点彩，窄沿，沿
内饰两道弦纹，弧腹，饼足，内底有一圈支钉痕。
灰白胎，施青釉，内壁施满釉，外壁施半釉。

2022LGITG28⑨：6

青釉洗

口径 21.6、底径 12.0、高 6.4 厘米
洪州窑
东晋

敛口，口部饰一周褐色点彩，尖圆唇，弧腹，上部有一周凹弦纹，平底，内底有支钉块状痕。灰白胎，施青釉，内壁满釉，外壁施釉不及底。

2023LGG60③：10

青釉洗

口径 22.6、底径 9.5、高 13.5 厘米
洪州窑
南朝

敞口，圆唇，弧壁，外壁刻剔莲瓣纹，饼足，内底刮釉。灰黄胎，施青釉，器内外壁皆未施釉及底，有流釉痕。

2023LGG60①：42

青釉盆

口径 29.5、底径 12.3、高 12.1 厘米

德清窑

东晋至南朝

敞口，方唇，弧腹，平底，底部见支钉痕。紫褐胎，施青釉，内壁满釉，外壁施釉及底。

2023LGG60①：41

青釉盆

口径 29.0、底径 13.1、高 11.9 厘米
德清窑
东晋至南朝

敞口，方唇，弧壁，平底内凹，紫褐胎，施青釉，
内壁满釉，外壁施釉不及底。

2021LGIT2616①：7

青釉盆

口径 23.3、底径 14.5、高 7.9 ～ 8.6 厘米
德清窑
东晋至南朝

敞口，外沿饰一周凹弦纹，尖圆唇，弧壁，平底内凹，外底烧制变形。紫褐胎，施青釉，内壁满釉，外壁施釉不及底。

2020LGITG28⑫：1

青釉盆

口径 26.0、底径 14.0、高 9.1 厘米
洪州窑
东晋

敛口，圆唇，唇部饰一周褐色点彩，弧腹，上部有一周凹弦纹，平底。内底可见支钉块状痕。灰黄胎，施青釉，内壁施满釉，外壁施釉不及底。

2020LGIT1227③：7

青釉盆

口径 20.5、底径 12.0、高 5.9 厘米
洪州窑
东晋

敞口，圆唇，唇部饰一周褐色点彩，弧腹，上部有一周凹弦纹，平底，内底有支钉痕。褐胎，施青釉，内壁满釉，外壁施釉不及底。

2022LGITG25④：1

青釉壶

最大腹径 11.4、底径 6.7、残高 10.9 厘米

德清窑

东晋至南朝

口残，溜肩，肩部残存流与柄痕，另两侧置对称半圆形耳。鼓腹斜收，平底内凹，底部有支钉痕。紫褐胎，外壁饰化妆土不及底，施青釉，外壁满釉。

2022LGITG21⑨：21

青釉壺

最大腹径 14.4、底径 8.4、高 14.1 厘米
德清窑
东晋至南朝

口残，溜肩，鼓腹，下腹急收，平底内凹。紫褐胎，外壁饰化妆土不及底，施青釉，外壁满釉。

2022LGⅠTG25⑤：7

青釉壶

残口径 2.9、最大腹径 8.8、底径 5.1、高 11.1 厘米

德清窑

东晋至南朝

口残，束颈，鼓肩，肩部附贴两对称半圆形耳。弧腹，平底内凹。灰胎，外壁施青釉不及底。

2022LGITG29④：83

青釉壶

最大腹径 14.8、底径 7.8、高 24.3 厘米
德清窑
南朝

口残，短颈，溜肩，肩部两侧附贴对称双系，
弧鼓腹，平底略内凹。紫褐胎，外壁施青釉不及底。

2022LGITG29④：49

青釉壶

最大腹径 15.4、底径 9.5、残高 13.8 厘米
岳州窑
南朝

口残，束颈，溜肩，垂腹，饼足。器内壁可见轮修痕迹。灰黄胎，施青釉，外壁满釉，器内壁有流釉痕。釉面有开片现象。

2023LGH229：1

青釉壶

最大腹径 7.8、底径 4.6、残高 11.3 厘米
岳州窑
南朝

口残，溜肩，肩部附贴两组对称耳系，已残，弧腹内收，饼足，有刮削痕。灰白胎，施青釉，釉面开片。外壁施釉不及底。

2022LG1TG27⑤：1

青釉鸡首壶

口径 10.8、最大腹径 17.6、底径 10.5、高 28.6 厘米
德清窑
南朝

盘口，束颈，圆肩，肩部一侧附贴高冠鸡首形流，对称一侧置手柄，已残，另两侧各置一桥形耳。弧腹，最大腹颈偏上，平底内凹。紫褐胎，胎质较细腻，施青釉，外壁满釉，有蚀釉现象，内壁盘内施釉。

2022LGITG21④：52

青釉鸡首壶

最大腹径 7.4、底径 4.8、残高 8.8、圆柱直径 1.0 厘米
德清窑
南朝

口残，束颈，溜肩，肩部一侧附贴鸡首形流，对称一侧置手柄，已残，另两侧置对称半圆形耳。鼓腹斜收，平底内凹。紫褐胎，外壁饰化妆土不及底，施青釉，外壁满釉。

2023LGⅠTG33③：39

青釉唾壶

底径 10.3、高 8.0 厘米
岳州窑
南朝

口残，溜肩，垂腹，饼足，足底有旋削痕。灰白胎，施青釉，釉面有开片。外壁施釉不及底，内壁满釉。

2021LGITG13①：11

酱釉壶

最大腹径 11.4、底径 7.7、残高 14.3 厘米
德清窑
南朝

口残，束颈，鼓肩略折，肩部贴附一对竖系，系已残断。斜直腹，平底内凹略变形。紫褐胎，施酱釉，外壁施酱釉不及底，有滴釉痕。

2020LGⅠTG6②：73

酱釉壶

最大腹径 8.1、底径 4.8、高 11.6 厘米
德清窑
东晋至南朝

盘口，束颈，溜肩，肩部附贴两对称半圆形耳。弧腹，平底内凹。灰白胎，外壁施酱釉不及底。

2022LGⅠTG21③：14

酱釉壶

最大腹径 9.8、底径 5.4、残高 10.8 厘米
德清窑
东晋至南朝

口残，溜肩，鼓腹，下腹急收，平底内凹。紫褐胎，施酱釉。

2020LGI采：52
青釉灯盏

盘口径 17.6、盘底径 11.6、高 4.8 厘米
德清窑
东晋

残存托盘，灰胎，施青釉。

2020LGL2①：1
青釉灯盏

下盘底径 11.6、残高 21.5 厘米
德清窑
南朝

油盏已残，竹节状托柱中空，托盘已残。紫褐胎，施青釉，外壁满釉，底盘有积釉痕。

2021LGITG16①：39

青釉灯盏

上盘残径 7.0、残高 27.2 厘米

德清窑

南朝

　　残，竹节状托柱中空，托盘已残。

紫褐胎，施青釉，外壁满釉。

2020LGL2②：20

青釉灯盏

下盘口径 16.8、下盘底径 11.9、残高 23.8 厘米

德清窑

南朝

油盏已残，竹节状托柱中空，托盘已残。紫褐胎，施青釉，外壁满釉，底盘有积釉痕。

2023LGITG32②：6

青釉器盖

盖面径 12.6、口径 8.9、高 4.2 厘米
德清窑
东晋

半环形纽，平顶，盖面外撇，有四处条状褐彩，
子母口。盖内见一周支钉痕。灰褐胎，施青釉，盖
面满釉。

2021LGITG15② : 7

青釉器盖

盖面径 12.5、口径 8.0、高 5.7 厘米

德清窑

东晋至南朝

半环形纽，平顶，盖面外撇，子母口。盖内见一周支钉痕。紫褐胎，施青釉，盖面满釉。

2021LGITG17①：18

青釉器盖

盖面径 13.4、口径 8.8、高 5.3 厘米
德清窑
东晋至南朝

半环形纽，平顶，盖面外撇，子母口。盖内见一周支钉痕。紫褐胎，施青釉，盖面满釉。

2021LGITG12②：20

青釉器盖

盖面径 13.3、口径 9.1、残高 3.2 厘米
德清窑
东晋至南朝

半环形纽，平顶，盖面外撇，子母口。盖内见一周支钉痕。灰胎，施青釉，盖面满釉，釉色较盈润。

2023LGG60②：21

青釉器盖

盖面径 12.0、口径 8.5、高 3.4 厘米
德清窑
东晋至南朝

半环形纽，残，平顶，盖面外撇，子母口。盖
内见一周支钉痕。灰褐胎，施青釉，盖面满釉。

2022LGJTG21③：6

青釉器盖

盖面径 12.8、口径 7.6、高 4.5 厘米　　　　　　　　半环形纽，残，平顶，盖面外撇，子母口。盖
德清窑　　　　　　　　　　　　　　　　　　　内见一周支钉痕。紫褐胎，施青釉，盖面满釉。

2020LG I TG7扩④：7

青釉器盖

盖面径 13.1、口径 8.3、高 3.5 厘米
德清窑

　　半环形纽，平顶，盖面外撇，顶部及盖缘饰一
周褐色点彩，子母口。盖内见一周支钉痕。灰褐胎，
施青釉，盖面满釉。

2020LGIT1324①：3

青釉器盖

盖面径 13.4、口径 9.5、高 4.3 厘米
德清窑
东晋至南朝

桥形纽，平顶，顶下部有一周凹弦纹，盖面外撇，子母口。盖内见一周支钉痕。紫褐胎，施青釉，盖面满釉。

2022LGITG25④：2

青釉器盖

盖面径 13.5、口径 10.1、高 4.8 厘米
德清窑
东晋至南朝

半环形纽，平顶，盖面外撇，子母口。盖内见
一周支钉痕。紫褐胎，施青釉。

2022LGⅠTG25⑥：4

青釉器盖

盖面径 12.2、口径 8.5、高 3.4 厘米
德清窑

半环形纽，平顶，盖面外撇，子母口。盖内见
一周支钉痕。灰褐胎，施青釉。

2023LGG51：57

青釉器盖

盖面径 12.8、口径 6.0、高 2.9 厘米

岳州窑

南朝

短纽，弧顶，顶面刻剔莲花纹，盖缘饰弦纹一周，子母口。灰褐胎，施青釉，盖面满釉。

2022LGITG28③：27

青釉器盖

方纽边长 2.9、盖残径 10.2、残高 3.2 厘米
岳州窑
南朝

方形纽，弧顶，顶部刻剔莲花纹，子母口。灰
白胎，施青釉，盖面满釉。

2022LGITG22③：1

青釉器盖

盖面径 12.4、口径 6.8、高 2.4 厘米
岳州窑
南朝

纽残，弧顶，顶面刻剔放射纹，盖缘呈花瓣状，子母口。灰白胎，施青釉，盖面满釉。

2022LGITG22②：5

青釉器盖

盖面径 9.1、口径 6.7、高 1.6 厘米
越窑系
东晋

纽残，平顶，盖面外撇，外缘饰一周褐色点彩，子母口。灰白胎，施青釉，盖面满釉。

2020LGITG4③：1

青釉器盖

盖面径 20.2、口径 17.1、高 3.3 厘米
洪州窑
东晋

纽残，平顶，盖面外撇，顶部和盖面有五道凸棱纹，盖顶、凸棱间戳印有两组各四圆孔，饰三周褐色点彩，子母口。灰褐胎，施青釉，盖面满釉。

2020LGH62：10

青釉器盖

盖面径 11.5、口径 8.0、高 3.4 厘米

洪州窑

东晋

半环形纽，平顶，盖面外撇，饰一周褐色点彩，子母口。灰白胎，施青釉，盖面满釉。

2023LGG60①：37

青釉三足砚

口径 13.6、底径 12.2、高 4.1 厘米
德清窑
东晋至南朝

子母口，浅盘，盘底研磨光滑，砚面凸起，内外底均可见支钉痕迹。底部贴附三个兽形足。器内底可见圆圈状使用痕迹及支钉块状痕，紫褐胎，外壁满施青釉。

2022LGITG24-4⑦：8

青釉三足砚

口径 15.8、底径 15.8、残高 2.9 厘米
德清窑
东晋至南朝

子母口直壁，浅盘，盘底有研磨痕，砚面凸起，外底有支钉痕，紫褐胎，外壁满施青釉。

2020LGITG1⑥：1

青釉三足砚

口径 20.8、底径 20.6、残高 4.1 厘米
德清窑
东晋至南朝

　　子母口，直壁，浅盘，盘底有研磨墨痕，砚面凸起，外底有支钉痕，贴附三个足，已残，灰胎，外壁满施青釉。

2022LGⅠTG29④：68

青釉三足硯

口径 15.8、底径 14.9、高 4.9 厘米
德清窑
东晋至南朝

子母口，浅盘，盘底见支钉痕，砚面凸起，外底处有支钉痕，贴附三蹄状足。紫褐胎，器表满施青釉。

2021LGIT2717①：3

青釉三足砚

口径 14.8、底径 14.2、高 3.2 厘米
岳州窑
东晋

子母口，浅盘，盘底研磨光滑，平底。下附三兽蹄形足。灰胎，外壁满施青釉。

2020LGIT1124①：81

青釉三足砚

口径 18.2、底径 14.0、高 5.0 厘米
越窑系
东晋

子母口，浅盘，盘底有墨痕，研磨光滑，砚面凸起，饰凹弦纹两周。下附三兽蹄形足。灰白胎，器表满施青釉。

2020LGIT1223①：4

青釉三足砚

口径 19.2、底径 17.7、残高 4.2 厘米
越窑系
东晋至南朝

子母口，浅盘，盘底可见一周垫具痕，砚面凸起，外底有支钉痕，下附三足，残。浅褐胎，器表满施青釉。

青釉三足砚

口径 14.3、底径 13.5、残高 3.3 厘米
越窑系
东晋至南朝

子母口，浅盘，砚面凸起，盘底及外底均可见
支钉痕迹。下附三足，已残。灰褐胎，外壁满施青釉。

2020LGIT2015②：3

青釉辟雍砚

口径 20.4、底径 18.9、高 6.9 厘米
洪州窑
南朝至隋代

子母口、浅盘，砚面凸鼓，研磨光滑，可见墨痕，底部贴附一周兽形足，现残存五只。浅黄胎，外壁满施青釉，有积釉痕。

2022LGITG21⑧：3

瓮棺

口径 12.4～13.0、最大腹径 14.1、底径 7.7、高 11.3 厘米
盖口径 17.9、底径 12.2、高 5.8 厘米
德清窑
东晋至南朝

有盖，盖为一瓷碗，敛口，尖圆唇，弧壁，平底。器外底可见切割痕迹，内底有一周支钉痕。口沿上饰一周褐色点彩。褐胎，胎质较粗糙，施青釉，内壁满釉，外壁施釉不及底。罐口略残，侈口，弧肩，斜直腹，平底。褐胎，施青釉，外壁施釉不及底，内壁有釉。

2022LGITG21⑧：2

瓮棺

口径 10.6～11.3、最大腹径 15.3、底径 8.7、高 12.8 厘米
盖面径 12.6、子口径 8.3、高 5.0 厘米
德清窑
东晋至南朝

有盖，盖平面为圆形，外缘有两周凹弦纹，盖下见一周支钉痕，半圆形纽，顶上部较平，子口略内收，下部斜撇。紫褐胎，盖面满施青釉。罐为直口，圆唇，圆肩，肩部有凹弦纹半周，弦纹上附贴有四个横向桥形系。弧腹，平底内凹。褐胎，外壁满施青釉，器底刮釉。

2022LGW3：1

瓮棺

口径 17.6、最大腹径 24.5、底径 12.4、高 22.5 厘米

德清窑

东晋至南朝

以两青砖为盖，罐为侈口，尖唇，弧折肩，肩部对称贴附一对半圆形系，圆腹内收，平底。红褐胎，胎质粗糙坚硬，上腹部施酱釉，有滴釉痕。罐内残存少许孩童骨骸。

2022LGW5：1

瓮棺

口径 16.5 ～ 17.0、最大腹径 21.6、底径 11.2、高 22.1 厘米
德清窑
东晋至南朝

罐为侈口，尖唇，弧折肩，肩部对称贴附一对半圆形系，圆腹内收，平底。红褐胎，胎质粗糙坚硬，上腹部施酱釉。罐内残存少许孩童骨骸。

2022LGW4：1

瓮棺

口径 15.8、最大腹径 23.1、底径 11.2、高 23.0 厘米
德清窑
东晋

直口，圆唇，溜肩，饰凹弦纹一周，附贴对称四贯耳，耳部及肩部饰褐色点彩，弧鼓腹，平底内凹，见砂状支钉痕。灰褐胎，腹上部饰化妆土，施青釉，外壁施釉不及底。罐内残存少许孩童骨骸。

2022LGITG21④：43

青釉盏托

口径 15.3、底径 6.9、托圈径 5.1、托圈深 1.6、通高 3.7 厘米
洪州窑
南朝

敞口，圆唇，弧壁，饼足，盘内托圈圆唇，较盘口低，盘内壁有两周凹弦纹，盘底至托圈之间刻剔多重莲瓣纹。灰黄胎，施青釉，内外壁均施满釉。

2022LGITG21⑨：5

青釉高足盘

口径 12.0、底径 8.0、高 5.0 厘米
洪州窑
南朝

敞口，圆唇，浅盘，弧直壁，折腹，短柄，喇叭状圈足，盘底内外皆饰有多重圆圈纹。灰胎，施青釉，内外壁皆饰满釉。

2020LGIT2016②：4

青釉高足盘

口径 10.6、底径 7.0、高 4.0 厘米
洪州窑
南朝至隋代

敞口，圆唇，浅盘，弧直壁，折腹，短柄，喇叭状圈足，盘底内外皆饰有多重圆圈纹。灰褐胎，施青釉，内外壁皆饰满釉。

2020LGIT2016②：3

青釉高足盘

口径 11.6、底径 7.2、高 4.6 厘米
洪州窑
南朝至隋代

敞口，圆唇，浅盘，弧直壁，折腹，短柄，喇叭状圈足，盘内饰多重圆圈纹。灰胎，施青釉，内外壁皆饰满釉。

2020LGITG3③：5

青釉高足盘

口径 12.6、残高 5.1 厘米
洪州窑
南朝至隋代

敞口，圆唇，浅盘，弧直壁，折腹，短柄，喇叭状圈足，残，盘底内外饰数道凹弦纹，其间模印两组各三朵花卉纹。灰胎，施青釉，内外壁皆饰满釉。

青釉樽

口径 12.0、底径 11.9、高 9.6 厘米
岳州窑
东晋

子母口，弧直腹，腹上及腹中各饰两道凹弦纹，近口处对称附贴四桥形穿系，平底，有块状支钉痕一周。灰白胎，施青釉，外壁满釉。

2021LGJTG19②：29

青釉镇

底径 10.0、残高 6.2 厘米

岳州窑

南朝

纽残，下为莲蓬，覆莲状座，平底，平底略内凹。
灰黄胎，器身施青釉。

2021LGITG25⑮：7

酱釉盘托三足炉

口径 15.9、底径 12.8、残高 2.6 厘米
德清窑
东晋

敞口，方唇，浅盘，弧直壁，平底内凹，唇部及盘底饰数道凹弦纹。盘内附贴三足，其上残。紫褐胎，施酱釉，器身满釉。

酱釉盘托三足炉

口径 16.8、底径 13.9、残高 2.4 厘米

德清窑

东晋至南朝

敞口，方唇，浅盘，弧直壁，平底内凹。盘内附贴三足，其上残。紫褐胎，施酱釉，器身满釉。

后记

　　《江苏溧阳古县遗址出土六朝瓷器》是江苏地域文明探源工程"六朝城市与六朝文明"课题的重要阶段性成果之一。

　　江苏溧阳古县遗址考古工作自 2019 年调查开始，从 2020 年连续开展主动性考古发掘至今，发掘揭示出六朝县城遗址的整体布局，相关遗迹与遗物丰富且重要，发掘工作取得了重大收获。江苏溧阳古县遗址的发掘资料整理和报告编写工作在持续进行中，相关研究工作也在持续开展。

　　国家文物局、江苏省文物局、南京博物院、江苏省文物考古研究院等对古县遗址的考古工作给予了高度关注和支持，溧阳市委市政府、古县街道等也十分重视古县遗址考古成果，遗址公园、遗址博物馆的建设规划正逐步得到推进和落实。

　　本书由盛之翰、高伟主编，选取了古县遗址出土的部分六朝瓷器，结合瓷器的器形、窑口和年代等进行初步梳理，形成了图录的基本框架。

　　本书的出版得到江苏省文物考古研究院盛之翰院长、陈刚副院长的亲切关怀和指导，古县遗址考古工作队吕海路、王垚、李录星、沈凡、崔惠茹、李保国等对瓷器标本进行描述和修复，复旦大学郑建明先生、江西省文物考古研究院张文江先生、湖南省文物考古研究院杨宁波先生等对图录瓷器的窑口进行了鉴定指导，文物出版社彭家宇、秦彧、张冰、张孟浩为本书的瓷器拍照、编排装帧付出了许多努力，在此一并谨致谢忱！

编　者

2024 年 7 月 20 日星期六

江苏溧阳古县遗址出土六朝瓷器